Mi REBELDE CON-SENTiDO

Padres Deficientes-Hijos Desafiantes

Rosalío Contreras

WestBow
PRESS
A DIVISION OF THOMAS NELSON

WestBow Press books may be ordered through booksellers or by contacting:

WestBow Press
A Division of Thomas Nelson
1663 Liberty Drive
Bloomington, IN 47403
www.westbowpress.com
1-(866) 928-1240

ISBN: 978-1-4497-7951-1 (e)
ISBN: 978-1-4497-7952-8 (sc)
ISBN: 978-1-4497-7953-5 (hc)

Library of Congress Control Number: 2012923610

Printed in the United States of America

WestBow Press rev. date: 02/28/2013

INDiCE

CUARTA PARTE: UNA IDEA EN ACCIÓN

QUINTA PARTE: LA FUNCIÓN MATERNA

PRIMERA PARTE: INTRODUCCIÓN.

Quizá tenga uno y no lo sabe. O quizá lo sabe y no quiere admitirlo. Algunas personas cercanas a usted han insistido en el asunto. De alguna u otra forma se lo han querido explicar. Algunos han sido respetuosos, otros, en su desesperación, ya se han olvidado de las formas. Se lo advierten como si fueran "expertos" en el tema. Y seguro usted, en silencio, odia sus comentarios. Ya se lo dijeron sus hermanos. Ya se lo han dicho sus padres:

—Tu hijo no se comporta de una manera normal, es … algo extraño y muy violento con sus hermanos.

Usted mismo lo ha pensado. Lo ha platicado con su cónyuge. Y sé, que hasta ahora, se había resistido. Pero haber adquirido este libro me habla de que usted se encuentra justo en el punto donde yo me encontré un día, que por cierto, es el punto donde se inicia el cambio: en el reconocimiento de que se es padre de un "hijo problema". Que las cosas ya no pueden continuar así.

Es difícil de aceptar, de hecho, algunos no terminan por hacerlo. Lo que sucede es que se trata de su misma sangre. Y no puede admitir que en efecto tiene un niño problema. Admitirlo, le lleva a pensar que lo traiciona a él, que se traiciona usted mismo. Pero cuando entra a la edad escolar, sus esfuerzos por ocultar el asunto ya resultan inútiles. Lo que hasta ahora, había manejado en lo privado del núcleo familiar, en un contexto social más amplio -como el escolar- resulta imposible de negar.

El quebranto inicia cuando los reportes de la escuela aumentan. Siente que todo se le viene abajo. Es una realidad innegable, tiene un problema en sus manos. Sabía que esas peleas no eran normales en el niño. Esas reacciones. Esos impulsos. Esos arrebatos. Esa mirada penetrante, que muchas veces expresaba odio y que otras tantas le hacía recordar con añoranza aquellos momentos en los que era apenas un pequeño. Y claro, cuando tenía apenas tres años, todas sus ocurrencias le resultaban graciosas. Pero ahora, le avergüenzan. Le quitan el sueño. Lo exponen. Le preocupan. Lo llenan de culpa.

Por otra parte, le inunda ese sentimiento profundo de soledad cuando se percata de que algunos maestros ya le han dado la espalda a su hijo. Porque a muchos cultivadores del alma les ha resultado más fácil deshacerse del problema que enfrentarlo en equipo con los padres. Prefieren "contar hasta tres" bajo la amenaza de expulsión y librarse del "paquete". Y cuando más apoyo necesita, se entera de que tiene que lidiar solo con su hijo.

Después de todo, los maestros tienen otras prioridades y niños que sí les respetan y que les ha sido más fácil de controlar. Es comprensible. Después de todo, en el sistema educativo público, ¿quién se quiere hacer cargo de un niño problemático, desafiante y grosero? Los maestros prefieren atender a los otros 49 muchachos del salón de clases que ocuparse de su hijo rebelde. Y esto deja en evidencia la enorme complejidad del asunto. Ya no se trata de un conflicto exclusivamente familiar, sino de un problema de alcance social.

Es así como le llega la temible noticia:

—Su hijo requiere de atención especializada. Ya no podemos con él y es mejor que acuda a buscar ayuda profesional.

Seguro, usted sabe de qué están hablando, pero piensa: ¿Qué debo hacer? ¿A quién acudiré? ¿Qué puedo hacer para manejar a mi hijo problema? ¿Debo presionar más? ¿Qué habré hecho mal en sus primeros años de formación? ¿Será que estoy pagando cuentas pendientes? O peor aún, ¿Será que me hace falta fe? Dudas naturales que se presentan cuando ve que las cosas siguen empeorando y que todo lo que ha aplicado hasta ahora no ha funcionado. Es entonces que bajo la presión escolar, se ve obligado a buscar a un profesional de la salud mental y emocional para que le guíe en el proceso del tratamiento clínico de su hijo. Un terreno de por sí escabroso que puede generar todo tipo de reacciones. Después de acudir al especialista, en muchos casos sale de ahí confundido, lastimado y pensativo. Casi desconectado de la realidad. Tratando de entender los términos raros que utilizó el experto para describir el problema de su hijo. Y sale convencido de que usted es padre de un futuro delincuente. Más dudas aparecen: ¿Debería darle el medicamento que el psiquiatra recetó? ¿Pediré otra opinión? ¿Buscaré a un psicólogo? La escuela presiona y los gastos aumentan. Y la pregunta obligada es: ¿No habrá otra manera de tratar con mi hijo problema?

Es precisamente de este punto de donde nace la idea de este proyecto. Este libro no es una exposición teórica sobre la conducta patológica del niño, sino una guía práctica dirigido a los padres de familia que descubren conductas desafiantes en sus hijos. Las pretensiones que tengo al escribir este texto, no son de ninguna manera exponer la única manera de lidiar con el asunto, porque seguro habrá otras formas. En mi caso, son tres los elementos que sustentan mi proyecto: una base de años de experiencia en el tratamiento de familias con hijos desafiantes, un profundo sentimiento de fe en Dios y en sus recomendaciones escritas en su Palabra y mi propia experiencia como padre de un hijo desafiante. Sumando lo anterior, busco ofrecer un programa de tratamiento del problema, fácilmente aplicable para el padre promedio que requiere urgentemente de una salida a su crisis familiar. Los que somos padres de algún hijo con síntomas de esta naturaleza, debemos descubrir qué papel nos toca jugar ante esta circunstancia. Porque somos los padres quienes estamos con los niños veinticuatro horas.

Quiero además alentar el corazón dolido y agotado de todos aquellos padres que comparten esta preocupación. Recordarles que como padres, debemos sobre todo mantener siempre vivo el deseo de ver convertidos a nuestros hijos en hombres estables y con un futuro mejor para sus vidas.

Mi HiJO EL DE EN MEDiO.

A mí... ¡Nunca me va a pasar! He deseado tanto ser padre que Dios sabe que cuando tenga la oportunidad de serlo, seguramente no seré como ese sujeto. ¡Sólo mira su cara de frustración! ¡Y la forma en la que le habla a su pobre hijo! Pero seguro lo va a pagar... ¿Te diste cuenta de la manera en la que su hijo lo miraba? Una mirada de odio. Y no es para menos. Pero... ¡Qué manera de exponer y humillar a su propio hijo!

Para la época en que decía esto, mi esposa y yo teníamos apenas tres años de matrimonio y habíamos decidido embarazarnos. Con mucho entusiasmo recibimos la noticia de que nos había llegado la oportunidad de ser padres ¡Es una sensación inigualable! Algo que no se puede explicar y que sólo se debe experimentar, si se quiere comprender. Finalmente nuestro hijo mayor nació. Todo marchó justo como lo habíamos planeado. Pronto transcurrieron los dos primeros años. Y nuestro primer hijo, cada vez más, nos confirmaba la sensación de que éramos, en efecto, "buenos padres".

—Esto no es tan difícil —pensaba.

—Son ustedes muy buenos padres, se nota hasta en la expresión de sus rostros. —reforzaban mis conclusiones los comentarios de algunos amigos nuestros.

Debo confesar que fue justo ahí, cuando el "experto" que todos llevamos dentro, comenzó a surgir. Incluso, me atreví a aconsejar a aquellos padres que veía que batallaban con sus hijos. ¡Cómo recuerdo las miradas de los padres frustrados!, a los que por cierto y si me están leyendo, les expreso mi más profundo respeto y me disculpo por mi falta de sensibilidad. Pero, para un padre novato e inexperto, las cosas siempre son más simples.

Verdaderamente en ese tiempo no podía comprender por qué algunos padres no lograban despuntar o a lo menos mejorar en su función paterna. Para entonces, los problemas de la paternidad me resultaban muy simples.

Fue así que mi esposa y yo planeamos nuestro segundo hijo. Y con él los ajustes llegaron. No obstante las cosas marcharon sobre ruedas. Por lo menos, hasta que llegó nuestro tercer hijo. Una linda niña. Para entonces, en mi familia, se respiraba un ambiente de paz y tranquilidad. Amor y armonía. Una familia con tres niños ¡Maravilloso! Con la llegada de la niña, se inició todo un nuevo proceso de ajustes. Porque el lector debe advertir que con la llegada de un nuevo miembro a la familia, *todo el sistema familiar se mueve*. Los lugares se mueven, la estructura se ajusta, las funciones cambian. Para el caso de nuestra familia, los cambios continuaron todavía más por los siguientes cinco años, en que nos nacieron nuestro cuarto y quinto hijo. Y cada uno de ellos, en su momento, generó nuevos movimientos en nuestro sistema familiar.

Pero fue la llegada de nuestra tercera hija, lo que vino a redefinir el lugar del segundo como "el de en medio". Y hasta entonces comprendí todos aquellos rumores que se mueven en torno al hijo de en medio. Con mucha frecuencia los hijos mayores -sólo por el lugar que ocupan- resultan más responsables, conciliadores y maduros. En marcado contraste se encuentran los de en medio, que suelen ser más independientes, seguros de sí mismos y arriesgados. Por lo mismo *desafiantes*. El hijo menor, siempre será el menor. Consentidos, dependientes y naturalmente muy ligados a sus padres. Por otra parte, debemos considerar que, a pesar de que el diagnóstico de "hijo problema" no es exclusivo del hijo de en medio, ciertamente la incidencia, entre ellos es abrumadora. El "hijo problema" puede ser igualmente el mayor, el de en medio e incluso el menor. Y los papeles de: *el responsable, el desafiante y el consentido* permanecerán vacantes en tanto alguien los reclame. Pero en mi caso es así como comienza la historia de mi hijo el de en medio, "mi hijo problema."

CARÁCTER.

Apenas tenía dos años. Recuerdo perfectamente el día de su primer encuentro con su hermana. Mi esposa estaba en cama recuperándose del parto y a su lado estaba nuestra hija. Entré con mis dos hijos. El mayor, de inmediato corrió hacia su madre. Se acostó a su lado y la abrazó. Yo traía al segundo en brazos. Él se limitó a mirar a distancia y en silencio a su madre y a su hermanita recién nacida ¡Hasta parece que lo presentía! Como que su instinto le decía que le había sido arrebatado el lugar del menor. Y precisamente ahí, él se estaba convirtiendo en el de en medio.

Me paré a un lado de la cama y mi hijo les dio la espalda. ¡No daba crédito!

—Fue mi imaginación —pensé. Intenté acercarlo a su madre y él, en una reacción evidente de molestia, comenzó a llorar.

Esto, solo marcaría el comienzo. El primer elemento salía a flote. Lo que antes no habíamos advertido: *su carácter.* Ante una situación estresante será siempre inevitable ocultar el carácter. Es el carácter la primera descripción que dejamos ver de nosotros mismos. Dice lo que somos. Explica a los demás la manera en la que esperamos ser tratados. En este caso, mi hijo parecía advertir que de no tratarlo como esperaba, liberaría su "ángulo oscuro". Ese lado bizarro que todos tenemos pero que la mayoría de las veces logramos controlar.

Observar detenidamente el carácter de nuestros hijos, es contemplar su futuro y el nuestro. Este es apenas uno de los primeros síntomas que nos avisan que algo está pasando. Después vendrán las ofensas, las constantes peleas con sus hermanos, los rencores profundos, las reacciones impulsivas incontrolables que él justifica, y algunos otros síntomas que a los padres nos dice que "algo" tenemos en nuestras manos. El carácter de nuestros hijos nos alerta para tomar a tiempo las medidas necesarias y evitar futuros desastres.

El carácter agresivo, fuerte o desafiante genera en el niño una fortaleza en su voluntad. Es precisamente esta voluntad firme la que nos exige una serie de cambios y ajustes que no deben ser tomados a la ligera. **Y es muy importante que las medidas que la familia tome, respecto a las conductas inadaptadas del niño, se apliquen a tiempo y de manera constante.** Para el caso de nuestro hijo, el período de ajustes apenas comenzaba. Los demás avisos llegaron después.

LENGUAJE.

Al igual que el carácter, nuestro lenguaje habla de nosotros mismos. El lenguaje contiene dos elementos claves para el rastreo de síntomas que son: **la manera** de expresarnos y **los temas** que abordamos. En conjunto exponen nuestros intereses. Las palabras que utilizamos expresan nuestra manera de pensar, nuestra muy particular manera de ver la vida y cómo nos percibimos ante los demás. El lenguaje vulgar y grosero habla de lo que el muchacho tiene en su corazón. Y es un síntoma que no debe ser ignorado o minimizado.

En nuestro caso, su primera "palabrota" la dijo cuando tenía algunos 4 años de edad. Cuando apenas cumplía su primera semana en el kínder. Por cierto, esta es la época en la que los hijos *importan* nuevos términos. Lo que sucede, es que con la entrada de los hijos a la escuela, se abren las puertas del hogar a la influencia social: costumbres, ideas, tradiciones, maneras de pensar y de actuar, etc. fluyen en los hogares en ésta etapa. Y el sistema familiar debe estar preparado para hacer frente a la nueva situación y ayudar a que los hijos filtren la información. Hasta entonces, en casa, no había hecho falta establecer límites respecto al lenguaje. Pero, con la interacción social a la que son sometidos los niños en la escuela, nos llegó la hora.

Imagine la escena. Sábado a medio día. Mi esposa, mis tres hijos y yo reunidos en torno a la mesa. Todos comíamos. Sonreíamos y disfrutábamos de un momento familiar. De pronto mi hijo soltó su nueva adquisición. ¡Hasta los pajarillos que cantaban tranquilos en la rama guardaron silencio! Podrá imaginar el impacto que esto puede producir en una familia que no acostumbra hablar así ¡Se me atoró el bocado! Sorprendido miré a mi esposa. El mayor nos miraba con asombro y hasta la pequeña escupió el chupón.

Cosas como estas comienzan a suceder y son pequeñas luces que se encienden y que nos previenen sobre la conducta del niño. Mi pregunta para él fue:

—Hijo, ¿sabes lo que significa la palabra que acabas de decir?

—No —respondió con simpleza—. Así me dijeron en la escuela.

Hasta aquí, podrá notar que simplemente mi hijo lanzó la palabra *sin saber lo que significaba*. Y no llevaba ninguna clase de mala intención. Con mucha paciencia expliqué el significado del término a mi hijo. Todavía le advertí que si repetía la palabra le traería consecuencias. Parecía que todo había quedado claro, por lo menos durante ese día. Porque al siguiente no dijo la misma palabra, sino uno de los sinónimos que yo mismo había empleado para explicarle el término. Esta vez sí lo dijo *con intención*. Observará que con el lenguaje, los hijos desafiantes se percatan muy rápido de las reacciones que producen sus palabras. Captan sus significados para, posteriormente emplearlas con toda alevosía y ventaja, de manera sutil e intencional para su puro beneficio.

Esto evidencia que los hijos saben qué tipo de lenguaje deben emplear y con quiénes. Mire de fondo las **intenciones** que ellos tienen al utilizar su lenguaje, porque éstas son precisamente el mayor peligro de este síntoma.

Por otra parte, debemos considerar que, el lenguaje, es uno de los medios que utilizamos con mayor frecuencia. Es la frecuencia lo que hace que formemos, con mucha mayor rapidez, nuevos hábitos y formas de comunicarnos, para que finalmente el lenguaje influya en nuestra muy particular manera de pensar. Entendamos que el lenguaje retroalimenta el concepto que tenemos de los demás y de nosotros mismos.

Tarde o temprano nuestro lenguaje termina por moldear nuestra forma de ser. A los doce años mi hijo ya había transformado su lenguaje, lo que a su vez, vino a transformar su conducta. Mantenía una doble vida. En casa se comportaba y hablaba de una manera y con sus amigos florecía su conducta y lenguaje real. Yo vine a descubrirlo de manera accidental. Para entonces, mi hijo mayor practicaba *parkour; l'art du déplacement* -el arte del desplazamiento-. Para quienes no están familiarizados con el término, se trata de una disciplina física que consiste en acrobacias para desplazarse de un punto a otro lo más fluidamente posible, usando principalmente las habilidades del cuerpo.

En aquella ocasión mi hijo el mayor le enseñaba a su hermano algunas técnicas para desplazarse. Yo me encontraba con ellos en el parque. Mi hijo, queriendo mostrarme una de las maniobra que su hermano le había enseñado cayó mal ¡Podrá imaginar el improperio que soltó en seguida! Porque como antes mencioné, el uso del lenguaje se vuelve un hábito. Tarde o temprano la fuerza de la costumbre florece.

Esa tarde tuvimos él y yo una larga plática sobre las intenciones que se llegan a ocultar detrás de las palabras. Descubrí por él mismo, que en efecto su lenguaje era ya vulgar y grosero. *Y que para él, no significaba mucho.*

Para un adecuado diagnóstico y posterior tratamiento de la conducta desafiante en nuestros hijos, el lenguaje será uno de los elementos de suma importancia.

CONDUCTAS.

El ser humano no puede evitar evidenciar lo que siente y lo que piensa a través de sus conductas. La conducta de los hijos será una fuente segura de información que los padres debemos aprender a registrar. Con mucha frecuencia los padres sufrimos de mala memoria. Por esto, el diagnóstico que recibimos de golpe por un profesional de la salud mental puede llegar a parecernos muy extraño. Incluso agresivo. Lo que sucede es que, por años quisimos evitar o ignoramos deliberadamente la conducta inadaptada de nuestros hijos.

Los padres con hijos desafiantes notarán que los días resultan muy variados. El niño, algunas veces se encontrará en la cima y todo resultará bien. Pero habrá algunos otros momentos en los que liberará su conducta negativa y serán días verdaderamente frustrantes. Porque mientras los padres respondamos positivamente a sus demandas, todo saldrá bien. Pero no se nos ocurra negarle algo porque entonces estaremos frente al proceso de trasformación.

La tendencia natural e inmediata de nosotros como padres es minimizar las conductas indisciplinadas de nuestros hijos. Uno mismo expresa cosas como estas para disculparlo:

"Creo que el niño tuvo un día difícil"

"Estaba estresado y cansado por la visita"

"Es que no es bueno que se le grite al niño"

Si hablamos con franqueza, de fondo, nos da flojera entrar en discusión con el niño. Muchas veces preferimos dejar pasar sus actos y reacciones negativas, cuando cada acto de estos es una oportunidad para ayudar a que nuestro hijo logre el control sobre sus impulsos.

Cuando mi hijo el de en medio cumplía tres años tuvimos especialmente un día difícil porque sus reacciones fueron un poco más agresivas que de costumbre. Al final del día, yo estaba decidido a no dejar pasar la oportunidad. Entré por lo mismo a su habitación. Ya estaban ambos en sus camas. Yo, me dirigí al menor:

—Hijo, hoy vas a aprender una palabra nueva.

Él me miraba atentamente. En la otra cama, mi hijo el mayor se limitaba a observar en silencio.

—Es una palabra que te va a servir para el resto de tu vida. La palabra es: *límites*. Los límites son algo que no podemos ni debemos cruzar.

Como su cama tenía barrotes, de pronto me surgió la inspiración y le dije:

—Ruédate hijo.

Él rodó y se detuvo en los barrotes. De inmediato pregunté:

—¿Y qué hubiera pasado si no estuvieran los barrotes?

—¡Pues me caigo! —contestó muy interesado.

—¡Exacto! —¡Ese fue mi momento de gloria!—. Eso es precisamente lo que hace un límite en nuestra vida. Los límites son para cuidarnos. Son para nuestra seguridad. Son para nuestro bien. Por esto debemos respetarlos y observarlos.

Para entonces él me miraba atentamente. Creí que esa lección quedaría impregnada en su mente para siempre ¡Sus ojos me lo decían! Lo que yo ignoraba es que él planeaba su siguiente paso. De su propia cuenta se rodó al otro lado de la cama e intencionalmente se golpeó la cabeza en uno de los barrotes. Sobando su cabeza dijo en tono cómico:

—¡Hay! Me pegué en un límite

¡Los tres reímos a carcajadas! Son creativos ¡Definitivamente lo son! Lo que yo ni imaginaba en aquel alegre momento era la cantidad de límites que mi hijo rompería en el trascurso de los próximos años y que por momentos me preguntaría "¿Hasta dónde llegará?".

Se dará cuenta de que con mucha frecuencia, manejan sus conductas de una manera en la que estos muchachos logran seducirnos y evadir así su propia responsabilidad. Logran mezclar sus actos con humor negro. Al principio, no son acciones de abierta rebeldía, sino actos aparentemente inofensivos y hasta graciosos. Por ejemplo, mi hijo a sus cuatro años, mientras su madre le llamaba la atención, la miró con el seño fruncido y pasó su mano derecha sobre su cuello, en señal de muerte. Después liberó su seductora sonrisa. Y dijo en tono conciliador:

—Estoy bromeando.

Quieren hacernos entender que son bromas. Claro que al principio parece una broma muy creativa, pero estas "pequeñas ocurrencias" se vuelven tan cotidianas que logran reforzar el lado negativo de su carácter y lo peor es que terminan por establecer el tipo de trato que tendremos con ellos en el futuro. Poco a poco sus conductas se vuelven más y más agresivas.

La polarización de la relación de mi hijo con su mamá representaba apenas una pequeña parte del problema, pero poco a poco se convirtió en el problema central por resolver. Respecto a sus hermanos, a sus escasos seis años se evidenció que si no correspondían a sus demandas, de inmediato liberaba el calor de su ira en contra del que frustrara sus planes. Y de inmediato justificaba que su ira respondía a lo que a él le habían hecho. Incluso si les pegaba, siempre tenía "una buena razón" para hacerlo.

Por otra parte, se hizo hipersensible a la crítica. Si le hacían cualquier comentario negativo de su persona o que él imaginara que era así, respondía de inmediato con algún golpe, argumentado que lo habían provocado y que él solo había respondido de acuerdo a la provocación.

Respecto a su mala conducta, en un principio se limitó al contexto familiar. Sin embargo comenzamos a observar que en la medida en que tomaba confianza con sus maestros y compañeros de clase, comenzaba a manifestar en ellos conductas agresivas. Justificando siempre que eran los maestros los que le tenían mala idea o que sus compañeros se habían ganado determinado castigo. Por lo mismo, en la escuela, los reportes se hacían cada vez más frecuentes y sus travesuras tomaban tintes que rayaban, cada vez más, en conductas inadaptadas.

Sus vagancias poco a poco tomaban dimensiones más preocupantes. Cierto día, a sus ocho años, llegó corriendo a casa junto con su hermano. Ambos sofocados. Él muy divertido. Su hermano como queriendo evitarme. Su madre les preguntó "¿Qué pasó?". Había roto a pedradas el tragaluz del vecino. A simple vista, se pueden comparar las actitudes de cada uno de ellos ante actos vandálicos como este. **Los hijos desafiantes tienen una consciencia más débil, que no les permite dimensionar los daños.**

Para entonces estaban construyendo un fraccionamiento a un lado del lugar donde vivíamos. Las casas estaban solas y desde nuestra casa -hacia abajo- se podían contemplar los techos de los vecinos. Se le hizo fácil comenzar a tirar piedras. El mayor, mostrando más consciencia, lo reprendió. Pero él no le prestó atención y siguió hasta que logró tronar el tragaluz. Recuerdo haber utilizado el momento para buscar crear consciencia en él. Después de enterarme cómo estuvieron las cosas salí con ambos hacia el lugar para dar la cara y enfrentar el problema.

—Esto que acabas de hacer es un delito —sentencié —. Dañar propiedad ajena es un delito y no puede quedar impune. Yo voy a pagar el daño ahora pero tú vas a pagarme con tus domingos el costo total del objeto, te vas a disculpar personalmente con el dueño y además vas a recibir una consecuencia ejemplar en casa.

Éstos no son actos de travesura de los niños. Ayude a sus hijos a dimensionar los daños mediante la aplicación de las consecuencias lógicas que correspondan y la restitución de los daños. He recibido casos de familias disfuncionales en las que los padres están plenamente conscientes de los actos vandálicos y delictivos de sus hijos y a pesar de esto permanecen pasivos al respecto. No solo les dejan sin recibir las consecuencias de sus actos sino que además los encubren. Esto es lo que termina por convertir a los hijos en delincuentes y a los padres en sus cómplices. ¿Usted cree que los padres ignoran que su hijo es el que raya los muros del vecindario? ¿De verdad cree que los padres del ladrón ignoran las actividades de su hijo? Y los jóvenes violentos y agresivos, que llegan a su casa con la camisa ensangrentada, ¿será que la madre no lo sabe o prefiere ignorarlo? ¿Acaso el padre de familia no observó algo extraño? Pero el padre, con frecuencia, al mirar escenas como esta prefiere ignorarlo y continuar recluido en su televisor.

Yo, como padre, reflexionaba en silencio y tomaba nota de cada conducta anormal de mi hijo. Pude experimentar en mi propia familia, la urgencia de "estorbar" a nuestros hijos cuando éstos comienzan a mostrar conductas equivocadas. Y a pesar de que cada vez yo era un freno más pronunciado para sus conductas, las cosas poco a poco subían de tono.

AFÁN POR LA EXPERiMENTACiÓN.

Observará que en los jóvenes desafiantes existe una predilección muy determinada hacia las conductas que les ofrezcan riesgos. El peligro les resulta muy atractivo. Por lo mismo, son muy propensos a la experimentación. Con respecto a mi hijo, en todo lo que hasta ahora he narrado sobre su conducta, le diré que él *fue el primero*. El primero en romper las reglas, el primero en atreverse a decir una palabrota, el primero en desafiar a su madre, el primero en retar a su padre, el primero en probar una cerveza, el primero en probar un cigarro, el primero en dar un beso a una niña, el primero en perforarse una oreja, en fin, el primero en muchas otras cosas más. La tendencia al desafío personal, manifiesto en un reto, será una constante en su conducta. Y naturalmente, el desafío a la autoridad de los padres será su siguiente paso.

Parece que no experimentan el temor. Y en efecto, no dimensionan el peligro. Para ellos no existen límites. Parece que es el peligro el que los llama. Quieren ser siempre el primero en tener algo qué contar y ser admirados por sus hazañas. **Es este espíritu aventurero el que ofrece a nuestros hijos la oportunidad de ser diferentes que el resto de sus pares.** Esta fortaleza, bien canalizada, se vuelve en el motor del cambio. Pero la misma fortaleza, mal dirigida, es la que termina por convertirlos en el enemigo número uno de la paz en el hogar.

En nuestro caso, el desafío de nuestro hijo a la autoridad de su madre resultaba cada vez más frecuente. El enojo y la frustración natural de su madre ante su constante falta de respeto no se hicieron esperar. La fricción desgasta. Poco a poco se aproxima a un punto culminante. La escalada de reto de mi hijo llegó al extremo de que un día su mamá le dio una orden explícita y él, sin rodeos y con un tono altanero le respondió a su madre:

—¡No lo voy a hacer! Y tú, no puedes obligarme.

Es este contexto lo que hace entrar al sistema familiar en una constante *lucha por el poder.* **Y es la madre de familia la que representa el primer reto para el hijo desafiante**. Estos muchachos logran sacar de quicio a más de uno. Y es la madre de familia la primera en recibir los embates de la conducta rebelde del hijo desafiante. Y por la frecuencia con la que ella trata con él, será la primera en romper relaciones diplomáticas con su hijo. Por esto, la función del padre resultará determinante, tanto para la corrección oportuna del hijo desafiante, como para la urgente reconciliación familiar.

GUSTOS.

La creatividad de los hijos desafiantes no tiene límites. Esto puede deberse a que mantienen una mayor actividad cerebral y una visión muy particular de ellos mismos y del resto de la familia. Son soñadores. Fantasiosos. Debe advertir que cada acción en ellos refleja sus elecciones, mismas que los padres debemos identificar. Su creatividad resulta frecuentemente mal enfocada. Parece que buscan lo malo para adherirlo a sus gustos. Por ejemplo, su fascinación por la muerte y las cosas misteriosas. Bien recuerdo en primero de primaria, su maestra les pidió que dibujaran un paisaje. Pues mi hijo dibujó ¡un panteón! Claro que su maestra me llamó alarmada.

De seis años se hizo "El coleccionista de huesos". Para entonces vivíamos en el campo. Pues un buen día mi esposa me contó que la recámara de los niños despedía un olor muy intenso. Se puso a buscar. Y para su sorpresa, debajo de la cama del niño encontró ¡una cabeza de vaca! Tenía además los huesos de un gato, el cráneo de una tortuga y ¡una quijada de burro! La misma maestra de primaria (a la que le dibujó el panteón) nos mandó llamar porque mi hijo había desenterrado el esqueleto de un perro. Esto suena realmente gracioso, pero de fondo, deja ver algo de nuestros hijos que nos quita el sueño. Y la pregunta obligada es ¿qué estará pasando por su mente?

Toda manifestación de arte en nuestros hijos nos llena de orgullo. Es a través del arte que la persona logra expresar sus sentimientos más profundos. En cualquier área que éste se manifiesta: la música, la pintura, el dibujo, la danza, etc. **Cuando se trata de niños desafiantes, es muy importante analizar sus manifestaciones de arte.** Porque será, por medio de su expresión artística, que podamos ver el alma de nuestro hijo.

La parte artística de mi hijo se vio expresada a través del dibujo. El panteón que dibujó para su maestra marcaría su tendencia hacia la manifestación del arte gótico. Sus dibujos siempre se vieron llenos de paisajes sombríos, figuras grotescas con uñas y dientes, esqueletos, monstruos, etc. De igual forma, la elección de colores opacos y oscuros dominaba su estilo, por lo menos durante la primera etapa. Posteriormente, cuando cumplía sus once años, su arte fue marcado por un fuerte gusto por los colores vivos, líneas y figuras caprichosas sin aparente sentido. Similar al grafiti.

El gusto por el arte, como consecuencia lógica, influye de manera muy importante en la manera de vestir. Como bien podrá observar, todo iniciará por un gusto puesto de manifiesto en una expresión artística, mismo que termina permeando cada área de su vida. **Porque la tendencia del artista influye la mente del muchacho.** Cada uno de nuestros hijos, desde etapas muy tempranas, manifiesta ciertos gustos por determinadas modas. Es, en su forma de vestir que los hijos nos dan a conocer a qué persona están viendo como su modelo a seguir. Los modelos que adoptan nos ofrecen información específica sobre *la necesidad* que ellos pretenden cubrir al imitar dicha vestimenta. Esto puede ser evidente al observar las tribus urbanas tales como los *Punks, Darketos, Emos,* etc. Cada uno de estos grupos ofrece, a través de su estilo de vestir y conducta, la aparente satisfacción a dichas necesidades.

He observado que son la necesidad de *identidad* y la necesidad de *pertenencia* las carencias más típicas que los jóvenes buscan satisfacer al adherirse a grupos así. Respecto a los hijos desafiantes, ya que es la identidad y la pertenencia lo que está en juego, ellos buscarán descubrir y establecer su propia identidad a través de la adopción de prácticas y tendencias de grupos que les ofrezcan estos elementos. Adherencia expresada en su forma de vestir, de hablar y actuar.

Los padres debemos considerar que bien entrada la adolescencia es el período en el que los hijos determinan su identidad. En mi caso cuando mi hijo cumplía ya doce años, en su búsqueda de identidad comenzó a adoptar tendencias en su manera de vestir muy al estilo de los *raperos.* El pantalón de mezclilla a media cadera, una cadena que colgaba de una presilla hasta la bolsa izquierda del pantalón, camisetas con dibujos de jóvenes con una mirada desafiante. Zapatos tenis, gorra puesta de lado y accesorios de "pandillero" como pulseras de cuero con picos y remaches.

Presencia fuerte, grotesca y violenta. Muy acorde con su perfil desafiante. Su forma de vestir, su música y carácter comenzaba a endurecerse, pronto proyectaría este endurecimiento en sus relaciones con la familia.

La insistencia en escuchar música *Rap* lo llevó a adoptar esta vestimenta y estilo de vida, al extremo que un buen día, llegando del consultorio a la casa, me encontré con la sorpresa de que se había perforado la oreja y la ceja. Sus gustos, para entonces, influían de manera determinante en su carácter y evidentemente en sus decisiones.

En resumen, sus conductas desafiantes especialmente dirigidas hacia su madre, su constante negativismo, su determinación a hacer sólo su voluntad, su persistencia en culpar a los demás y justificar así sus arrebatos, sus constantes actos violentos y su lenguaje vulgar, su manera de vestir y sus gustos resultaron en una seria de síntomas suficientes para determinar -lo que hasta aquí habría querido ignorar-, un diagnóstico.

AYUDA A QUE TU HIJO RECUPERE EL CONTROL Y LE DÉ SENTIDO A SUS IMPULSOS

SEGUNDA PARTE: EL DIAGNÓSTICO

El diagnóstico y tratamiento clínico siempre estarán en manos de un profesional competente y calificado. Los elementos que deseo ofrecerle en este capítulo, no van dirigidos a que elabore un diagnóstico en sus hijos. Sino a que usted, como padre, detecte conductas clínicamente significativas en ellos. Que pueda junto con su familia, instrumentar maneras que les permitan un trabajo en equipo con el clínico que lleve su caso y que logre un trato más funcional en el hogar. Además deseo prevenirle a usted sobre las acciones y actitudes negativas que como padres manifestamos. Actitudes y acciones que terminan por activar las conductas rebeldes en nuestros hijos.

Ante un posible trastorno de la conducta, con frecuencia nos encontramos con un primer obstáculo a considerar. Se trata del uso indiscriminado de ciertos términos clínicos que por desgracia, ya son del dominio público. Tal es el caso de la palabra depresión. Todo mundo utiliza de manera indiscriminada el término, a tal extremo que cuando la persona se siente triste dice: "estoy deprimido". En realidad el término depresión es un criterio diagnóstico muy serio, que agrupa una serie de síntomas que describen ciertas condiciones físico-biológicas, emocionales, relacionales, familiares e incluso sociales. Considere el procedimiento que un clínico debe hacer, para identificar un caso de depresión en su paciente:

Primero: se debe descartar ante todo, que no se trate de alguna de las diferentes *crisis circunstanciales* que la persona experimenta: la muerte de seres queridos, la pérdida del empleo, una noticia estresante, la ruptura de vínculos relacionales afectivos, etc.

Segundo: considerar si no se trate de una de las *crisis típicas del desarrollo* que el sujeto pudiera estar atravesando: el matrimonio, la llegada de los hijos, la adolescencia, etc. En tales casos no necesariamente hablamos de una depresión, sino de un período de ajuste que será superado con tiempo.

Tercero: se debe analizar la serie de síntomas físicos y psicológicos que la persona presenta: insomnio o hipersomnia, sentimientos de desesperanza, sentimientos de tristeza, agotamiento extremo o fatiga crónica, cambios en el apetito y el peso, dificultad para concentrarse, bajo interés sexual y/o en actividades recreativas, baja autoestima, sentimientos de inutilidad, deseos de muerte, etc.

Cuarto: se debe descartar que no sea *un estado pasajero* inducido por el consumo de sustancias (alcohol, drogas, medicamentos, etc.). En este caso y a pesar de que la persona, en efecto presente todos los síntomas anteriores, por la sustancia ingerida, no se puede diagnosticar depresión.

Quinto: una vez detectados y satisfechos todos los criterios diagnósticos antes mencionados, se puede hablar de un trastorno del estado de ánimo llamado: Depresión. Finalmente —como si no fuera suficiente-, se debe clasificar el trastorno como: un caso de depresión mayor, un trastorno distímico, una ciclotimia, etc. Todo esto se hace con el fin de poder ofrecer al paciente un diagnóstico certero y un tratamiento y abordaje profesional.

La depresión es una muy compleja manera de pensar y de ver la vida. El psicólogo, como profesional de la salud mental, debe estudiar de manera individual cada caso y asegurase de que verdaderamente se trata de éste trastorno del estado de ánimo.

Expongo este ejemplo para que usted como padre, pueda asimilar lo complejo que es el procedimiento al que un psicólogo clínico se debe someter para poder diagnosticar a alguien con un trastorno tan común como es la depresión. Y si se trata de diagnosticar a un niño con Déficit de Atención, Hiperactividad, Negativismo Desafiante o un Trastorno Disocial también los procedimientos deben obedecer a una secuencia de investigación científica, lo que hoy por hoy no ocurre en las escuelas.

Este fenómeno está invadiendo nuestras familias, nuestras escuelas y nuestra sociedad. Pensemos en el complejo sistema social en el que estamos envueltos. La trampa del entramado logra enredar en un evento a maestros, compañeros de la escuela, los padres de los amigos de nuestros hijos, directivos y maestros de la escuela, a nosotros, como padres del niño implicado y naturalmente, a nuestro hijo.

Permítame ilustrar con más detalle el problema cuando se trata de diagnosticar a los niños.

El problema habitualmente inicia con un reporte. Una llamada de la escuela que dice que debe presentarse porque su hijo ha mostrado cierta "conducta nociva" para el plantel, lo que presupone un proceso de disciplina.

Preste atención al procedimiento en la interacción:

Cuando acude al llamado, le hacen pasar a la oficina de la directora. Porque ya no es como antes, cuando el maestro, usted y su hijo, platicaban para arreglar el problema. No, ahora, se trata de un problema más administrativo que educativo. La directora, entonces, le pide cortésmente que tome asiento y de inmediato toma el teléfono y pide a su secretaria que llamen a "Miss Lucita" (la maestra de su hijo). Usted, simplemente continúa en silencio. Entra Miss Lucita acompañada de otra mujer con anteojos, el cabello agarrado en un chongo, un cuaderno en la mano y una mirada de juez estilo *"Miss Tronchatoro"* (personaje de la película Matilda). Ambas acompañadas por la secretaria de la directora. Traen a su niño y usted bien puede identificar en su hijo la cara de la angustia. Definitivamente aquello cada vez más se parece a un consejo de guerra. La directora comienza su discurso:

—Sr. Contreras, le pedimos que viniera al colegio porque la conducta de su hijo ha dejado mucho qué desear en los últimos días. De hecho, la honorable junta de padres del colegio, está muy preocupada por lo que hemos de hacer con su hijo, porque ya está afectando a sus familias. Y están en la espera de una respuesta.

A estas alturas usted imagina lo peor, pero ella continúa:

—La maestra de Ecología observó conductas inadaptadas en su hijo y realmente estamos preocupadas.

Usted comienza a desesperarse

—El objetivo de nuestra institución es, y ha sido, formar hombres de bien para la sociedad, que vivan los valores, que asuman sus responsabilidades ...

—¡Suéltelo ya! —grita desesperado en silencio.

Finalmente la directora con cara de preocupación dice:

—Su hijo apedreó al guajolote de la escuela.

De inmediato voltea a mirar a su hijo. Haciendo un esfuerzo por no lanzar la carcajada. ¡No puede perder la compostura! Conteniendo la risa, pero sin lograr evitar que le lloren los ojos por el esfuerzo, se limita a preguntar al niño:

—¿Apedreaste al guajolote?

Su hijo le responde:

—Sí. Le tiré una piedrita porque quería que se inflara —Mientras le explica hace las señas con los brazos —. Y que dijera: ¡gordo, gordo, gordo!

—Además —interviene la directora —en el recreo no se ha comportado a la altura. Corre por todas partes como un caballo. Y en sus juegos bruscos empujó a otro niño.

Para colmo y su mala suerte el niño que empujó resultó ser el sobrino de la directora.

—Y la mamá del niño, es la presidenta de la junta de padres de familia. Y en el salón de clases —continúa la directora —discute con los maestros.

Miss Lucita asiente confirmando los comentarios de la directora y añade:

—Ya he probado de todo, pero no me hace caso. Creo que su hijo tiene problemas muy serios de conducta y requiere de ayuda especializada.

—Por esto —interviene la directora para continuar —traemos a una experta en la conducta para que nos explique lo que sucede. Es nuestra encargada de la disciplina en la escuela. Le presento a Miss Schreber.

Es mexicana pero de sangre alemana.

—¡Lo sabía! —dice de inmediato en su mente —¡Es la mujer de anteojos, chongo apretado y cuerpo de tololoche! ¡*Miss Tronchatoro*!

Usted se incorpora en su asiento, traga saliva y su corazón late de prisa mientras "la experta" le mira directo a los ojos.

—Sr. Contreras —inicia la mujer del chongo, ajustando sus anteojos y mirando sus anotaciones—, he estado observando a su hijo muy de cerca y he tomado algunas notas de su conducta en los últimos días. En efecto, yo pude atestiguar *la mala intención* con la que empujó al niño en el recreo. Esta es una conducta reprobable para el prestigio de nuestra institución. Además, el hecho de apedrear al guajolote de la escuela, en la clase de ecología, nos llevó a pensar y suponer que sus conductas agresivas debe aprenderlas en algún lugar ¡Quién sabe qué vera el niño en casa para comportarse así! Y lo peor de todo, Sr. Contreras, su hijo … su hijo destripó un pájaro.

—¡Ah! —exclaman todas en coro, poniendo sus manos en la boca.

—¿Mi hijo …? ¡¿Cómo atrapó a un pájaro?! —exclama usted realmente sorprendido.

—¡No! —dice Miss Schreber —, por fortuna el pájaro estaba muerto. Y yo me lo encontré husmeando en el cadáver del animalito.

En ese momento usted no puede dar crédito de que esto le esté pasando. Sabe que su hijo tiene conductas raras pero todo esto parece más una serie de malas coincidencias.

—Sr. Contreras —continúa la experta con su explicación técnica—, sentimos informarle que su hijo tiene: TDA/H.

—¡¿Y es contagioso?! —pregunta muy alarmado.

—Su hijo es hiperactivo —dice la mujer con una actitud más de experto que de comprensión.

—¿Aplicó algunas pruebas para determinar este diagnóstico? —pregunta usted a la mujer del cuaderno y anteojos.

—No. Pero lo investigué en internet y su hijo tiene todos los síntomas de TDA/H. Y requiere de un tratamiento profesional.

—¿Usted no es psicóloga? —cuestiona mucho más sorprendido.

—No —contesta Miss Schreber corrigiendo su postura y levantando con dignidad la mirada —. Pero leo mucho por internet y he visto a muchos niños de esta escuela por los últimos ocho meses. De hecho, he mandado a algunos cuantos con el psiquiatra.

Al momento, la directora interviene:

—Por lo mismo, señor Contreras, si su hijo no cambia en lo que falta del bimestre, tendrá que salir expulsado de nuestra institución. —La Directora sentencia lo que usted tanto temía, y para darle formalidad al asunto y que quede por escrito el ultimátum le hacen firmar su carta de aviso.

Sale de ahí de la mano de su hijo. En ese momento, parece más que su hijo es quién le fortalece a usted. Esos son los momentos en los que los padres nos sentimos solos. Bajo estas circunstancias usted sale pensativo. No sabe si reír o llorar. Sube a su vehículo, mira a su hijo ... Y no puede asimilar si se trata de un problema real o se trata del deseo de Miss Lucita de batallar menos con su hijo. Después de todo usted está enterado de que Miss Lucita nunca se casó. Desde los quince años inició como educadora y ahora cumple 65 años de edad y lleva 50 años enseñando en la misma escuela. Por otra parte, claro que usted ha notado conductas raras en su hijo, pero, hablando con franqueza, sabe que tener accidentes al correr en el recreo, apedrear al guajolote o curiosear en el cadáver de un pajarillo muerto es lo más normal en un niño ¡usted mismo lo hizo!

—¿Estás molesto conmigo papá?

Su hijo interrumpe su diálogo interno y lo mira en la espera de una respuesta, con la esperanza de que sea negativa. No obstante, usted debe explicar el problema pero ... ¡realmente no sabe qué contestar! Sólo atina en decir:

—No hijo. Claro que no.

Pero su hijo insiste en preguntar:

—¿Estoy loco papá? ¿Sí tengo DDT?

De inmediato usted libera una carcajada al recordar el viejo insecticida DDT (Dicloro, Difenil y Tricloroetano), pero esa carcajada es más por reducir la tensión de su hijo que por lo gracioso de su comentario. Pero el niño de seis años sigue en la espera de la respuesta que usted no tiene y no puede darle.

Titubeante, responde a su hijo:

—¡THD ...! ¡DDH ...! dijo ¡TDA/H! Y no sé de qué se trata. Déjame pensar qué es lo que voy a hacer.

Pero este es justo el momento en el que su frustración lo atrapa y se hace incontenible. Ha acumulado tanto en la última hora que no puede más, y explota con una respuesta agresiva

—¡Pero te he dicho mil veces que te portes bien! ¡No sé qué va a ser de ti en la vida! ¡Eres un verdadero problema!

En ese momento, afortunadamente, usted hace una pausa y guarda silencio ... Sabe que ha cometido un error. Pero por desgracia, simplemente, el resto del camino lo siguen en silencio. Sin poder decir nada.

Hay una parte que usted no puede ignorar y que debe explicar al niño sobre la formación de su conducta. Pero también intuye que es importante que él se entere de que es un niño normal. Pero ¿cómo opinar sobre algo que apenas puede deletrear? ¿Cómo identificar si en efecto se trata de esto, o es el agotamiento de alguno de los maestros? O simplemente se trata de los intereses mezquinos de algunos de los directivos de la institución. Frustrado, ha gritado a su hijo. Y sabe que ahora usted está contribuyendo a los daños psicológicos que quedarán permanentes en su estructura mental. Es su reacción la que el niño espera para confirmar las palabras de la Directora, de Miss Lucita y de *Miss Tronchatoro* ¡Perdón! De Miss Schreber. Usted no quiso lastimar a su hijo, pero el daño, ya está hecho.

Con frecuencia esto es lo que sucede cuando hablamos de trastornos del desarrollo en los niños como son el Déficit de Atención, la Hiperactividad, el Negativismo Desafiante, el Trastorno Disocial, etc. La situación se torna verdaderamente compleja. Parece que el diagnóstico brota de manera natural en los maestros y directivos escolares. O en algunos padres que han leído la serie de criterios diagnósticos en alguna revista. Los maestros o padres de familia que actúan de este modo parecen un rifle cargado con cierta información en la espera de ser disparada sobre alguien -que por desgracia- termina siendo su hijo.

¡No cometa este grave error! Evite entonces—por lo que más quiera— tomar este libro como manual de diagnóstico sobre trastornos en sus hijos. Y evite, ante todo, *etiquetarlos*. Etiquetar, sólo empeora las cosas. Y dificultará seriamente el proceso de cambio donde la familia y usted como padre, tendrán un papel fundamental.

Para el asunto que nos ocupa el término más comúnmente empleado es: *hiperactividad*, término con mucha frecuencia asociado al de *déficit de atención*. Algunos profesionales de otras áreas—como los maestros—que se ven involucrados de manera frecuente con niños, se han aventurado a emitir algún criterio diagnóstico sin tener el soporte profesional que el asunto amerita y sin seguir el complejo proceso que un psicólogo clínico lleva.

Se ha puesto de moda en las escuelas el mal hábito de diagnosticar de manera indiscriminada a los niños desobedientes o muy activos como *hiperactivos* o *con déficit de atención*. Seguramente la experiencia acumulada de muchos maestros les permite identificar con cierta exactitud algo extraño en la conducta de nuestros hijos. Pero ¡imagine el daño psicológico que esto puede ocasionarle a un niño! O a los mismos padres que somos los que nos encontramos en el otro extremo, y a los que seguramente la noticia nos cae como bomba.

Para contribuir en algo a detener el mal uso y entendimiento de términos así y también para que pueda identificar de manera más puntual los síntomas de tres diagnósticos con los que estaré trabajando quiero ofrecerle en seguida una clasificación clínica. Con esta clasificación podrá identificar más de cerca si es usted padre de un niño hiperactivo con déficit de atención (TDA/H), Negativista Desafiante o Disocial. Para fines prácticos y principalmente para que sepa cómo puede contribuir al posterior tratamiento de sus hijos me he limitado a estos tres diagnósticos.

TRASTORNO POR DÉFICIT DE ATENCIÓN CON HIPERACTIVIDAD

Cuando pensamos en el TDA/H o Trastorno por Déficit de Atención con Hiperactividad, según el DSM-IV[1] (Manual diagnóstico y estadístico de los trastornos mentales) debemos tomar en cuenta algunas consideraciones.

Primero: debemos ubicarnos en niños mayores de cinco años. Es muy difícil diagnosticar a un niño menor de cinco años como hiperactivo, por la sencilla razón de que casi todos los criterios diagnósticos se presentan en la mayoría de los niños menores a esta edad. Las madres que me están leyendo podrán corroborar lo dicho al ver la lista de síntomas.

Segundo: es un elemento fundamental que el niño debe presentar el trastorno como mínimo por los últimos seis meses y que sus síntomas no se expliquen mejor con otro criterio diagnóstico.

Tercero: los síntomas deben observarse—dependiendo de su edad— en situaciones académicas, laborales y sociales. El déficit de atención asociado a la hiperactividad permea la vida del sujeto. Es muy importante que en efecto se observe un **deterioro significativo** en estas tres áreas. Para los adolescentes o adultos hiperactivos los síntomas suelen tomar una forma de falta de adaptación a la actividad cotidiana, laboral o social,

---

1   American Psychiatric Association (1995). DSM-IV. Manual diagnóstico y estadístico de los trastornos mentales (4ª ed.). (Barcelona: Editorial Masson, 1995): pág. 82-84.

especialmente en aquellas actividades que suelen ser rutinarias o que demandan una mayor concentración.

Cuarto: se deben descartar como criterios diagnósticos las conductas o situaciones cotidianas que resultan típicas de la edad y que suelen asociarse a los síntomas a considerar. Por ejemplo la baja tolerancia a la frustración, los accesos de cólera o la baja autoestima que son típicos de la adolescencia.

Quinto: se debe descartar que no se trate de problemas de aprendizaje o falta de un desarrollo aceptable de los sentidos del niño. Por ejemplo la sordera o la limitación visual que evidentemente pueden distorsionar un diagnóstico acertado. Para esto es necesario descartar, mediante la observación detenida y la consulta profesional médica, que nuestros hijos gocen de una buena salud física y agudeza en sus sentidos. También que su edad, desarrollo mental y maduración sean acordes a su edad cronológica.

Los síntomas para diagnosticar TDA/H se pueden agrupar en tres ejes principales: *desatención*, *hiperactividad* e *impulsividad* para su mejor identificación.

En cada uno de estos tres ejes podremos observar síntomas típicos que cito a continuación basado en la *Clasificación estadística de Enfermedades y problemas de salud* CIE10[2] (citado en el DSM-IV).

DESATENCIóN

Este eje alude a la capacidad del niño para prestar atención cuando se entra en contacto personal y directo con él. El síntoma debe presentarse de manera frecuente en las indicaciones que su madre le hace en casa. También en la escuela, cuando el maestro explica las tareas que un niño normalmente en edad escolar debería realizar. El desatender se presenta tan comúnmente que el hecho obstruya el desarrollo sano del niño.

Para diagnosticar que se está presentando un problema en este primer eje deben aparecer, por lo menos seis de los siguientes síntomas y persistir por lo menos durante los últimos seis meses.

---

2   World Health Organization (1992). CIE10 Clasificación estadística de enfermedades y problemas de salud. DSMIV. Pág. 88

1. *No presta atención suficiente a los detalles
lo que le lleva a equivocarse.*

Notará que le pide algo simple a su hijo, por ejemplo: "Ve a tu cuarto y ponte un suéter para ir a la calle." Y su hijo simplemente se sale a la calle. La razón de que el niño con TDA/H hace esto es porque para él fueron tres órdenes juntas que en su mente se contraponen y finalmente obedece a la que más le agrada (que es salir a la calle). Notará que este tipo de situaciones resultan tan frecuentes que terminan por colmar a la mamá. Este primer síntoma también se puede observar en el constante incumplimiento de las tareas que sus maestros le encargan.

2. *Presenta una seria dificultad para mantener
la atención por un tiempo razonable.*

Por ejemplo, cuando habla con él, el niño mira a su alrededor y permanece distraído. Y si usted está hablando con él, su hijo no le mantiene la mirada.

3. *Parece que no escucha cuando le habla.*

Muy unido a lo anterior se presenta este tercer elemento. Cuando le pide a su hijo que le mire a los ojos, su hijo parece ausente o distante. Como que algo en su interior permanece desconectado.

4. *No sigue las instrucciones y no termina la tarea asignada.*

Todo comienza y nada termina. Como padres, confundimos esto con un acto deliberado de rebeldía de parte de nuestro hijo, cuando no siempre es así. Posiblemente estemos hablando de una dificultad en la habilidad de concentración.

5. *Presenta dificultades serias para organizarse.*

Este criterio en particular debe identificarse considerando cuidadosamente la etapa de vida del muchacho y la consecuente habilidad esperada acorde a su edad. Podrá ver que las cosas simples y que no requieren más de un mínimo de interés para establecerles un orden para estos jóvenes resulta un verdadero reto. Las tareas escolares son un campo muy evidente en este síntoma.

6.   *Se niega a realizar tareas que requieran*
     de un esfuerzo mental sostenido.

La baja tolerancia a la frustración en niños con este trastorno del desarrollo no les permite la paciencia necesaria para lograr sostener la concentración.

7.   *Extravía con mucha frecuencia objetos necesarios*
     para la realización de sus tareas, como pueden ser
     útiles escolares, juguetes o herramientas.

Si usted ha observado este síntoma en su hijo, seguro ha expresado con frustración en más de alguna ocasión : "¡Tú lo pierde todo!." y lo peor es que ellos verdaderamente no tienen la menor idea del lugar en dónde dejaron sus cosas.

8.   *Se distraen con mucha facilidad con sonidos,*
     movimientos o algún otro estímulo visual o
     auditivo, por más irrelevantes que parezcan.

Es claro que no tienen la capacidad de discriminación. Los adultos tenemos la capacidad de escuchar y de ignorar lo que decidamos. No es el caso de los niños con TDA/H, a quienes los estímulos visuales y auditivos les llegan en cascada y lo desconectan de usted o sus maestros, a menos que lo que esté haciendo le llame poderosamente la atención.

9.   *Un evidente descuido a las actividades diarias.*

Después de analizar esta lista, muchas madres estarán convencidas de que su hijo tiene el Déficit de Atención con Hiperactividad TDA/H. No se apresure, la lista anterior apenas nos explica el primer eje, y es necesario considerar en conjunto los síntomas en los tres ejes.

HiPERACTiVIDAD

Se debe considerar primeramente que la actividad es inherente al ser humano. Todo lo que pensamos y sentimos se traduce en actividad. En conductas. Lo importante que debemos identificar es que, en un estado de normalidad, los seres humanos *permanecemos la mayor parte del tiempo, en control de nuestras conductas*. De ninguna manera la actividad nos controla.

En un estado normal el ser humano es capaz de refrenar su actividad. Pues esto no resulta para el caso del niño hiperactivo, quién permanece a la merced de su actividad. Por lo mismo, el enfoque de los síntomas se centra ahora, en su actividad motora. Sigo citando la CIE10 (DSM-IV[3]).

1. *Con mucha frecuencia está en movimiento de sus pies y sus manos o se está remolineando en su asiento.*

2. *A menudo abandona su asiento en clase o en otros lugares en los que se espera que permanezca sentado (el salón de clases).*

3. *Corre o salta excesivamente, a pesar de que ésta actividad resulte inapropiada.*

4. *Presenta dificultades para dedicarse al juego o actividades de ocio, tranquilamente.*

5. *A menudo se le ve en marcha o actúa como si tuviera dentro un motor encendido.*

6. *Habla en exceso.*

Observe que la constante, en el segundo eje, no es meramente la actividad en sí misma, sino **la falta de control del niño sobre su misma actividad**.

IMPULSIVIDAD

El tercer eje a revisar es la conducta impulsiva. Este ángulo alude al control que el niño manifiesta tener de sí mismo en lo referente a su carácter. El control de impulsos queda en evidencia en el adecuado manejo de las propias reacciones y en consecuencia, de sus conductas. En las primeras etapas resulta poco evidente el control de impulsos pero ya bien estrada la adolescencia este elemento se torna el más obvio. Para el caso de niños y preadolescentes que no han logrado el control de sus impulsos, según el Manual DSMIV se observarán:

---

3   World Health Organization (1992). CIE10 Clasificación estadística de enfermedades y problemas de salud. DSMIV. Pág. 89

1. *Respuestas precipitadas antes de haber completado la pregunta.*

2. *Presenta dificultades para guardar su turno. Y si se trata de las indicaciones que a diario tenga que darle, casi no logra terminar la frase cuando el muchacho salió disparado de manera impulsiva.*

3. *Interrumpe o se inmiscuye en las actividades de otros.*

4. *Reacciones violentas que incluyen golpes. Este síntoma en particular afecta al niño en la adolescencia. En este caso, habría que identificar que no se trate del trastorno disocial del tipo adolescente o de inicio infantil que suele presentarse antes de los 10 años de edad o que no se trate de un trastorno de Negativismo Desafiante, en cuyo caso la violencia es un elemento recurrente. Para fines de comprender el elemento de impulsividad en el Trastorno de Hiperactividad nos remitimos, exclusivamente, a la falta del control de las reacciones emocionales.*

5. *Deterioro significativo de las relaciones sociales. Como resultado lógico de la falta de control de sus impulsos, el círculo social del niño con TDA/H resulta seriamente afectado. Por otra parte, el niño trata pero no puede incrustarse en la sociedad porque se encuentra con que su círculo social le demanda la debida sujeción a ciertas normas, que suponen el adecuado control de impulsos que hasta el momento, le ha sido imposible lograr. Este último criterio añade una considerable cantidad de frustración al niño que tiene un TDA/H.*

Nota: No debe diagnosticarse el TDA/H cuando se trate de factores asociados que suelen presentarse en situaciones comunes como pueden ser *el comportamiento propio de la edad* que se presenta en niños activos que corren en exceso, brincan, se mueven, etc. Cierta hiperactividad temporal causada por alguna sustancia contenida en algunos medicamentos como los broncodilatadores. La típica desatención en la escuela debida a *ambientes escolares poco estimulantes,* etc.

Finalmente le expongo que existe en el TDA/H una serie de subtipos que dependen—para su clasificación—de la prevalencia de ciertos síntomas o del predominio de alguno de los tres ejes sobre los otros. Pero, para fines prácticos, nos limitaremos en el presente documento, a lo antes expuesto.

TRASTORNO POR NEGATIVISMO DESAFIANTE (TND)

Tengo un particular interés en describirle este diagnóstico porque es en este perfil en el que los padres podemos intervenir con mucho mayor éxito.

Por la clase de síntomas generados en un cuadro de TDA/H podrá observar que, principalmente el desempeño académico del niño se verá afectado. Lo que nos lleva a la conclusión lógica de que, en su tratamiento el medicamento, el psiquiatra, el psicólogo y los maestros llevan la mayor carga de trabajo. Pues para el Negativismo Desafiante, sucede exactamente lo opuesto, porque la mayor carga de trabajo se presenta en el hogar y no en el área profesional. El tratamiento de este trastorno del desarrollo compromete en mucha mayor medida a los padres.

ASPECTOS FUNDAMENTALES PARA DIAGNOSTICAR EL TND

Según el Manual de Psicodiagnóstico (DSM-IV)[4], existen una serie de aspectos a considerar antes de diagnosticar este trastorno del desarrollo:

Primero: Este trastorno se presenta con frecuencia antes de los 8 años de edad y no más tarde del inicio de la adolescencia es decir, antes de los 13 años de edad. *Su inicio es típicamente gradual.* Esto significa que no encontrará todos los síntomas de inmediato, pero con el paso del tiempo, se irán presentando y agudizando.

Segundo: El trastorno Negativista Desafiante se asocia de manera frecuente al del Déficit de Atención con Hiperactividad. En tal caso hablamos de una comorbilidad. Si es así, se pueden diagnosticar ambos criterios y se deben tratar en el niño, cada uno de acuerdo a la gravedad en la que se presentan.

Tercero: Los síntomas suelen presentarse primero en el ambiente familiar. Por su naturaleza, para que se presenten en un contexto social primero se

---

4   American Psychiatric Association (1995). DSM-IV. Manual diagnóstico y estadístico de los trastornos mentales. Pág. 96-97.

requiere que el niño tome confianza. Es entonces cuando suelen aflorar en un ambiente social, que con mucha frecuencia, se tata de la escuela.

Cuarto: Este trastorno se presenta con frecuencia en hogares en donde uno de los padres cuenta, en su historia, con un trastorno como podría ser el mismo Negativismo Desafiante, el Trastorno Disocial, el TDA/H, o un Trastorno antisocial de la personalidad o un Trastorno por Consumo de Sustancias.

Quinto: La prevalencia de este trastorno se presenta en familias donde la educación es inflexible, incoherente o negligente. Este criterio junto con el sexto, resultan ser muy significativos para la presente investigación.

Sexto: En una proporción muy alta, el trastorno Negativista Desafiante resulta *un antecedente evolutivo* **del trastorno disocial**.

SiNTOMATOLOGÍA EN EL TRASTORNO POR NEGATIViSMO DESAFiANTE

La característica esencial de este trastorno, es la persistencia de una conducta negativista, desafiante, desobediente y hostil que se dirige a las figuras de autoridad que se ha presentado durante los últimos seis meses. Según la CIE10 (DSMIV[5]), en el niño se pueden identificar por lo menos cuatro, de los siguientes síntomas:

1. *Accesos de cólera.*

Notará una MUY baja tolerancia a la frustración, lo que lleva con frecuencia al muchacho a incurrir en pataletas y otras reacciones impulsivas que denotan la pérdida del control.

2. *Discusiones frecuentes con los adultos.*

Parece no distinguir la diferencia entre él y los adultos. Carece de los límites personales. Pronto deja ver que no puede controlar sus impulsos emocionales. Podrá observar que todo marchará de maravilla en casa con el hijo desafiante siempre y cuando no le lleve la contraria, porque entonces él liberará una serie de reacciones agresivas para atacar a la persona que no corresponda al nivel de sus demandas. De hecho, las

---

5   World Health Organization (1992). CIE10 Clasificación estadística de enfermedades y problemas de salud. DSMIV. Pág. 98-99

continuas discusiones con sus respectivas figuras de autoridad son el resultado directo de su *muy baja tolerancia a la frustración*.

3. *Desafía de manera activa a los adultos.*

Que pueden ser sus padres o cualquier persona que le represente una figura de autoridad y se negará a cumplir sus demandas o a obedecer las normas.

4. *Molesta intencionalmente a otras personas.*

Los niños negativistas desafiantes parecen disfrutar viendo frustradas a las personas que les rodean. No perderán la oportunidad de molestar, en primer término, a sus propios hermanos, quienes, más de alguna vez manifestarán con frustración: "¡Y por qué no se va de la casa!". Se vuelven realmente exasperantes no sólo para sus hermanos sino también para sus padres, quienes llegan a experimentar niveles muy altos de frustración.

5. *Con mucha frecuencia acusan a los otros de sus propios errores.*

El acto muy humano de proyectar la propia culpa en otro, en el niño negativista desafiante resulta una práctica muy común. Siempre tendrá una respuesta que, desde su punto de vista, justifica los golpes que propinó a sus hermanos y la forma en la que se refirió a ellos ofendiéndoles. Se justificará diciendo que "le obligaron" a actuar así.

6. *Son hipersensibles a los "daños" que otros les aplican.*

Poseen una visión muy aguda que les permite identificar, desde su muy particular punto de vista, las más "oscuras intenciones" que los otros tengan en su contra.

7. *Son coléricos y muy resentidos.*

Resultan muy rápidos para hacer valer sus derechos. Con frecuencia responden de inmediato al agravio con una reacción violenta.

8. *Son vengativos.*

No olvidan los agravios. No perdonan. Si por alguna razón no lograron hacerse justicia por su propia mano esperarán el momento apropiado para ajustar cuentas.

Nota: Mire la secuencia de los últimos 3 criterios: 6) Son *hipersensibles* a los supuestos daños que los otros quieran aplicarles 7) Son *coléricos* y muy resentidos. Lo que les lleva a responder de inmediato de manera agresiva 8) Son *vengativos*. Desde su lógica, es esta secuencia la que les da el derecho de buscar la revancha.

No debe diagnosticarse el Trastorno Negativista Desafiante cuando los síntomas resulten poco frecuentes o que correspondan más a la etapa de desarrollo de vida del muchacho. Por ejemplo, en el caso de la adolescencia, en donde llegan a presentarse muchos de los criterios antes citados. Tampoco se diagnostica este trastorno del desarrollo cuando los síntomas no representan un deterioro clínicamente significativo en la actividad social, escolar o laboral. El deterioro debe ser medido de acuerdo a la expectativa maduracional que se tenga de acuerdo a la edad del niño.

TRASTORNO DiSOCiAL (TD)

El último de los trastornos en el proceso evolutivo del niño que pretendo exponer en el presente documento es el trastorno Disocial, que refiere a un patrón recurrente en el que *la constante será la violación de los derechos de las personas y* que incluye daños físicos a sus personas y/o a sus posesiones.

Hablando con propiedad podemos decir que el trastorno disocial es la antesala al crimen. Lo más preocupante de este trastorno y que resulta muy característico en el disocial es la aparente **falta de consciencia** ante sus acciones y los daños que ellos provocan. No parecen reconocer ni logran identificar que las personas merecen respeto en sus bienes y en su persona. Tampoco logran dimensionar la gravedad de los daños que ellos provocan.

Por la naturaleza de sus síntomas el trastorno Disocial suele presentarse con mayor frecuencia en zonas urbanas que rurales. Un inicio prematuro de este trastorno puede significar que en el futuro el niño sufrirá de un trastorno Antisocial de la Personalidad.

SiNTOMATOLOGÍA

Los síntomas deben haberse presentado por los últimos doce meses y por lo menos un comportamiento asociado debió haberse dado por los últimos seis meses.

Los criterios diagnósticos para el trastorno Disocial han sido agrupados, según el mismo manual de psicodiagnóstico (DSMIV)[6] en cuatro apartados principales que son:

1. Agresión a personas y animales
2. Destrucción de la propiedad ajena
3. Fraudulencia o robo
4. Violaciones graves a las normas

Cada uno de estos apartados, registra la CIE10[7], considera una serie de síntomas que evidencian la presencia de cada criterio diagnóstico.

1. Agresión a personas y animales

   a) Fanfarronea, amenaza e intimida a las personas
   b) Inicia peleas con sus compañeros o vecinos
   c) Ha utilizado objetos a manera de armas
   d) Manifiesta crueldad a los animales
   e) Ha robado con enfrentamiento violento
   f) Ha forzado sexualmente a alguien

2. Destrucción de la propiedad

   a) Ha provocado incendios
   b) Ha dañado la propiedad ajena
   c) Ha participado en la destrucción de la propiedad ajena

3. Fraudulencia o robo

   a) Ha violentado el hogar o el automóvil de otra persona
   b) Miente con frecuencia para obtener bienes o favores
   c) Miente para evitar la propia responsabilidad
   d) Ha robado

4. Violaciones graves de las normas

   a) Antes de los trece años ha permanecido fuera de casa por la noche a pesar de las prohibiciones paternas.
   b) Se ha escapado de casa por lo menos dos veces o una vez sin regresar por largo tiempo.

---

6   American Psychiatric Association (1995). DSM-IV. Manual diagnóstico y estadístico de los trastornos mentales. Pág. 90-91.

7   World Health Organization (1992). CIE10 Clasificación estadística de enfermedades y problemas de salud. DSMIV. Pág. 94-96

c) Inicia los novillos (fugas) en la escuela antes de los trece años.

La psicología anormal del Disocial se hará evidente de manera diferente en los hombres que en las mujeres. Esto por la diferencia de intereses de cada género y por los alcances que son capaces cada uno de ellos de darle en su respectivo contexto social. La siguiente es una lista de conductas asociadas al Trastorno Disocial, bajo el entendido de que no necesariamente deben presentarse todas éstas en el muchacho Disocial para poder diagnosticarle con este trastorno.

EN LOS HOMBRES

- Se asocia al inicio temprano de la actividad sexual
- Al consumo de sustancias ilegales
- Beber y fumar
- Actos temerarios y peligrosos
- Asociación delictuosa

EN LAS MUJERES

- Mentiras frecuentes
- Ausencias escolares (novillos)
- Fugas nocturnas del hogar
- Consumo de tóxicos
- Prostitución

Como bien pudo observar, el comportamiento en el Trastorno Disocial va muy de la mano de la conducta delictiva. Lo que puede llevarnos a la siguiente reflexión de la secuencia lógica: El Trastorno **Negativista Desafiante** puede ser un proceso evolutivo del Trastorno **Disocial**, que a su vez resulta ser la antesala a la **conducta Criminal**. En un gráfico se podría representar de la siguiente manera:

Los padres del niño con Negativismo Desafiante debemos actuar de inmediato ante la aparición de los primeros síntomas. Esto con la esperanza de evitar un proceso evolutivo de esta naturaleza.

Dejar crecer al Negativista Desafiante, es incrementar la posibilidad de conductas criminales en los hijos. Cada regla rota, cada conducta desafiante y oposicionista, la falta de una disciplina adecuada, la ausencia de la aplicación de consecuencias lógicas ante los daños provocados por los hijos, sus constantes arrebatos y otras muchas conductas inapropiadas del desafiante refuerzan sistemáticamente la futura conducta criminal en el adolescente.

No ignore la pintura en las manos de sus hijos. Seguro ésta le dirá que en efecto su hijo es el que raya los muros del vecindario. No permanezca indiferente ante el *churro de marihuana o las pastillas* que encontró entre las pertenencias de su hijo. Deje de justificar o acallar su mente pensando que se trata de su proyecto escolar de ciencias. Confronte el asunto que le ha preocupado tanto desde que encontró aquellos objetos ajenos en la habitación de su muchacho y que hacen evidente que su hijo roba. Porque seguramente usted sabe que aquellos objetos no son de su propiedad. "Escuche" a esa camisa ensangrentada de su hijo ¡que grita por sí sola! y que le dice que su hijo anda en malos pasos.

Todas estas son señales de que algo malo ocurre en el núcleo familiar. El primer error que podemos cometer los padres es permanecer pasivos ante cualquier evidencia de síntomas que denuncian al Desafiante y al Disocial. Sé que al encontrar cualquiera de las cosas antes citadas los padres nos congelamos y no sabemos qué hacer. No se preocupe, este es precisamente el objetivo de este libro, poder ofrecer un procedimiento práctico para aquellos padres comprometidos con el sano desarrollo de sus hijos.

CUANTIFIQUE LOS DAÑOS EN INTENSIDAD Y FRECUENCIA

Para el adecuado rastreo de los síntomas es importante explicar dos términos que arrojan mucha luz a nuestra investigación. Estos términos son: *intensidad y frecuencia*. Estos términos, asociados a la sintomatología de nuestros hijos, nos hablan de la gravedad de la presencia de algún síntoma en la psicología anormal de nuestros hijos.

La intensidad explica la fuerza del síntoma y la frecuencia nos dice la cantidad de veces que éste se presenta. Una manera gráfica de explicar estos términos se puede ver en el espectro de un electrocardiograma:

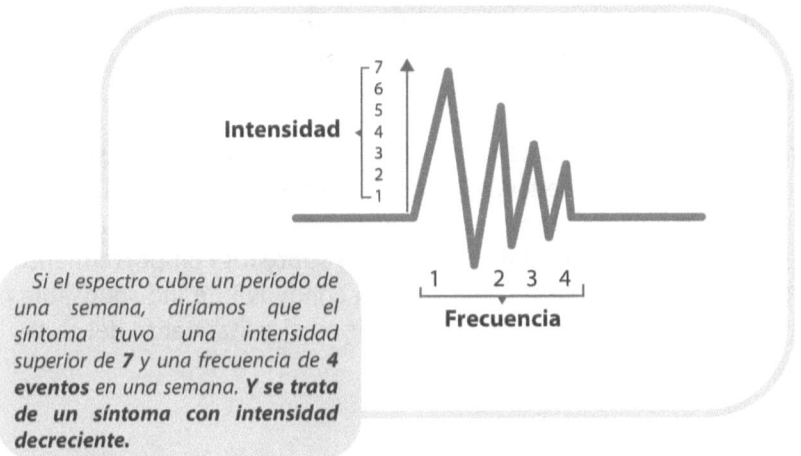

Intensidad

7
6
5
4
3
2
1

1   2   3   4

Frecuencia

*Si el espectro cubre un período de una semana, diríamos que el síntoma tuvo una intensidad superior de **7** y una frecuencia de **4** eventos en una semana. **Y se trata de un síntoma con intensidad decreciente.***

Los padres perdemos objetividad al acumular las malas conductas de nuestros hijos. Esto no nos permite asimilar el progreso o el retroceso en sus conductas. La tendencia natural será pensar que las cosas son cada vez peores.

Esta gráfica nos ayudará a dimensionar de manera correcta, sin minimizar ni exagerar los síntomas en los hijos. Registre en un papel el número de veces que, en una semana, su hijo presentó, por ejemplo, **accesos de cólera**. Y, con una palabra describa la intensidad del enojo. Podría utilizar los términos leve, moderado y grave.

Si utilizamos la gráfica anterior para registrar los accesos de cólera de un niño en una semana, los datos obtenidos al final del período quedarían registrados como sigue: Los accesos de cólera presentados en la semana tuvieron una frecuencia de **4 eventos** que se presentaron con una intensidad **decreciente** (7, 5, 4, 3). Descrita en términos simples, podríamos decir que los accesos de cólera, en cuanto a la intensidad se presentaron de **grave a moderado y al final leve**.

En el ejemplo anterior observará un síntoma decreciente en cuanto a la intensidad. Con una frecuencia de 4 accesos en la semana. Si la frecuencia de la siguiente semana fuera de 2 a 3 eventos, entendemos que el síntoma va disminuyendo de manera natural. Por el contrario, si la frecuencia fuera igual o mayor a 4 accesos o si la intensidad revirtiera su rumbo y repentinamente subiera, estaríamos hablando de un síntoma creciente. Con sólo uno de estos elementos en alza se habla de un síntoma creciente o preocupante.

Los síntomas decrecientes no son una prioridad en el tratamiento de un caso. Sí lo son aquellos síntomas que van en un espectro creciente, ya sea en intensidad o en frecuencia.

Como un dato adicional de suma importancia, la gráfica no sólo registra la intensidad y la frecuencia, sino que además, nos permitirá entender la manera en la que el síntoma se comporta en un continuo del tiempo. Esto significa que tendremos datos más reales sobre los comportamientos del niño, lo que finalmente resultará en un coadyuvante indispensable para entender el camino que debamos seguir en el tratamiento del caso.

ENFOQUE MULTIDISCIPLINARIO

Los padres experimentamos altos niveles de angustia cuando vemos síntomas manifiestos y persistentes en nuestros hijos. Pero, ¿qué es lo realmente preocupante cuando hablamos de estos trastornos del desarrollo?

A los padres nos preocupan cosas como observar la falta de control de impulsos en nuestros hijos, la falta de consciencia ante los daños que hacen y su negativa a adaptarse a los límites que rigen a las relaciones interpersonales.

Pensamos en su futuro y nos preocupamos. Sentimos temor cuando imaginamos que nunca cambiarán. Que su conducta les lleve a futuros problemas legales. Sabemos que si nosotros ahora no conseguimos establecer límites claros en el hogar y no logramos su respeto a las figuras de autoridad, la ley se encargará de hacerlo. Nos aterra la idea de verlos en su futuro inadaptados. O peor aún en prisión. Por lo mismo, lo que por sobre todo nos preocupa a los padres, es que nuestros hijos no logren adaptarse a las normas que rigen a nuestra familia y a nuestra sociedad. Nos preocupa que ellos no quieran o no logren sujetarse a las reglas del juego.

El núcleo familiar se abre ante la primera institución social con la que los hijos tienen contacto que es la escuela. Y es justamente en la escuela dónde se pone a prueba el éxito que hasta entonces hayamos logrado o donde se evidencia nuestro más grande fracaso. Cuando los hijos se sujetan a las autoridades escolares sentimos orgullo. Sabemos que hemos logrado cierto avance en nuestra labor de padres. Por el contrario, si las cosas no salen como deseamos nos avergonzamos porque entendemos que algo hemos hecho mal.

Con la llegada del niño al sistema escolar el problema se agudiza porque los intereses de los maestros y de los padres son diferentes entre sí, pero, ¿Qué sucedería si pedimos a los padres que sean ellos los que expliquen lo que más les preocupa y posteriormente pidiéramos lo mismo a los maestros de las escuelas? Las respuestas nos sorprenderían. Las preocupaciones no coinciden. Esto, por la sencilla razón de que los objetivos que persiguen cada uno son diferentes, lo que se puede demostrar si comparamos los tres diagnósticos antes expuestos. **Para fines prácticos, en lo que resta del documento me estaré refiriendo a los tres diagnósticos como sigue**:

Hiperactivo: Trastorno por Déficit de Atención con Hiperactividad (TDA/H)

Desafiante: Trastorno Negativista Desafiante (TND)

Disocial: Trastorno Disocial. (TD)

¿Qué es lo que realmente les preocupa a los padres del niño Hiperactivo, del Desafiante y del Disocial? ¿Qué sucedería si comparamos los tres diagnósticos? La importancia del asunto radica en que la respuesta a la pegunta: ¿qué le preocupa a los padres y a los maestros? determina, en gran medida, el tratamiento que actualmente reciben estos niños.

Si el tratamiento se da desde el enfoque de los maestros, y como a ellos les preocupa la educación, el aprovechamiento escolar y que pongan atención en clase, el *Metilfenidato,* contenido por ejemplo en el Ritalín®—que es el medicamento de primera línea para tratar con el niño Hiperactivo (Uriarte, 1999[8])—resultará en la mejor alternativa. Pero si el enfoque es el de los padres, a quienes les preocupa la formación de sus hijos, su salud, su bienestar, la formación de su carácter, etc., un amoroso, pero seguramente lento tratamiento terapéutico resultará la mejor alternativa.

El medicamento favorecerá el aprendizaje y la concentración. Disminuirá la impulsividad y la agresión. Le permitirá al niño permanecer sentado y quieto. Pero el medicamento no le dará al niño un pensamiento reflexivo ni moldeará su carácter. Tampoco le dará procedimientos de pensamiento lógico y selectivo. No hará organizado al niño, ni le dará el control consciente de sus impulsos o buenos hábitos y rutinas. El medicamento tampoco le dirá qué hacer cuando se enoja, ni le dará la solución a sus problemas.

El medicamento es un coadyuvante importante en el tratamiento de algunos trastornos del desarrollo en los niños. Pero evite formular expectativas irreales en los fármacos. Los medicamentos, en muchos casos, ofrecen a los padres mayor alivio psicológico que a los niños. Un tratamiento farmacológico—cuando el caso lo requiere—prescrito por un médico competente sumado a un tratamiento psicológico clínico calificado resultará en un mayor beneficio al niño y a la familia.

---

8   Uriarte Bonilla, Víctor. Psicofarmacología. México: Editorial Trillas, 1997.

Un asunto que aquí se debe acotar es el *celo profesional*. Debe existir un espíritu de cooperación en los profesionales de la salud. Algunos psicólogos, que de fondo no creen en su propio trabajo y por temor a perder un caso, no admiten la intervención de un médico, creen que todo lo pueden arreglar con psicoterapia, cuando en efecto, algunos casos lo requieren urgentemente. En el otro extremo están los médicos que creen que todo lo solucionarán con pastillitas, y en la soberbia contenida en el espíritu de algunos médicos que se consideran así mismos "la vaca sagrada" no admiten un abordaje multidisciplinario. Lo peor de esto, es que en medio de ambos extremos se encuentra la familia, sufriendo, porque estos "profesionales" de ambas disciplinas no se ponen de acuerdo.

Soñemos por un momento en un mundo ideal, en dónde los padres cooperan con los maestros en el proceso educativo de sus hijos. Asisten a las juntas de padres de familia y a la Escuela para padres, que la misma escuela organiza. Cuando se presenta un problema en la conducta de sus hijos se comprometen con la escuela a tratar el asunto. De ser necesario, acuden con un psicólogo profesional que estudia el caso, quién descubre la necesidad de la intervención médica y reporta *a su colega* sus conclusiones. El médico trabaja también en equipo con el psicólogo. El psicólogo se contacta con los maestros. Sale de su zona de confort -el consultorio- y hace una visita al plantel. Observa el lugar de acción del muchacho y obtiene conclusiones mucho más reales de la sintomatología del niño. Se contacta con el profesional que medica al niño. Imagine la cantidad de información valiosa que el psicólogo adquiere trabajando en equipo. **Creo firmemente que el psicólogo es el responsable de coordinar el tratamiento familiar, desde un enfoque sistémico multidisciplinario**.

Por fortuna, en mi ejercicio profesional he tenido el placer de trabajar con un muy nutrido equipo de profesionales: psicólogos, psiquiatras, neurólogos, urólogos, médicos generales, internistas, oncólogos, nutriólogos, maestros, etc., que creen en mi trabajo, y yo, creo y respeto el suyo. Yo mismo he dicho a algunos de mis pacientes: "Necesito la opinión del médico", y canalizo el caso a un profesional del área en cuestión. Incluso lo derivo, de ser necesario, porque creo en la posibilidad de trabajar en equipo. Como terapeuta familiar sistémico creo que la respuesta a muchos de los problemas que aquejan a las familias está en el trabajo multidisciplinario. El trabajo en equipo tranquiliza a los padres y ayuda a la verdadera solución de los trastornos de la conducta. Ya es tiempo que los profesionales de la educación y la salud mental regresemos al núcleo, por el bien de las familias.

¿QUÉ LES PREOCUPA A LOS PADRES?

La respuesta a esta muy importante pregunta bien puede encontrarse en uno de los estudios realizados por el prestigiado psicólogo clínico e investigador Dr. Orlando Villegas[9]. Tuve la fortuna de coincidir con él en un congreso que tuvo lugar en el norte del país, donde ambos participamos como expositores.

En un descanso, compartía con él mi preocupación por el abordaje terapéutico que se le está dando en la ciudad de Guadalajara al Negativismo Desafiante. En una respuesta por demás cordial y profesional, Orlando compartió conmigo la investigación que él y su equipo habían hecho.

Entrevistaron a 120 madres de familia en tres países de América: Argentina, México y E.U. Seleccionaron a 30 Madres de familia en cuatro de las ciudades más importantes de estos 3 países: Ciudad de México, Buenos Aires, Detroit y Filadelfia. Todas tenían hijos varones diagnosticados con un TDA/H. En el proceso, se les ofreció a estas madres, un listado con todos los síntomas mezclados de los tres diagnósticos: Trastorno por Déficit de Atención, Trastorno Negativista Desafiante y Trastorno Disocial.

Los síntomas estaban en orden aleatorio y no seguían ninguna secuencia predeterminada. Se les pidió a las madres que identificaran -según su opinión- de aquella lista, **los seis síntomas más perturbadores** que ellas veían en sus hijos. Los síntomas que más les preocupaban a las madres de los hijos diagnosticados con TDA/H en orden de aparición fueron:

De la familia de síntomas del Negativismo Desafiante:
1. A menudo se encoleriza e incurre en pataletas
2. Desafía activamente a los adultos y se rehúsa a cumplir sus órdenes.

De la familia de síntomas del TDA/H:
1. A menudo no presta suficiente atención
2. A menudo parece no escuchar cuando se les habla

De la familia de síntomas del Disocial:
1. A menudo inicia peleas físicas
2. A menudo fanfarronea, amenaza e intimida a otros

---

9   Orlando Villegas. Investigación. (México, Buenos Aires, Detroit y Filadelfia). orlando4psy@hotmail.com.

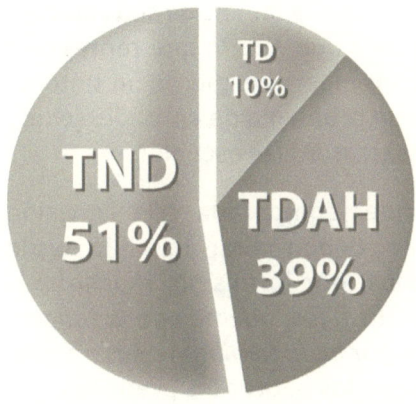

Observe en la primera gráfica un dato por demás relevante. El **51%** de las madres eligieron como síntoma más perturbador y que más les preocupaba, uno que pertenece a la familia de síntomas del **TND** Trastorno Negativista Desafiante: **Que su hijo se encoleriza e incurre en pataletas**.

El segundo síntoma más mencionado de este mismo grupo fue: **A menudo desafía activamente a los adultos y se rehúsa a cumplir sus órdenes.** No obstante, se puede observar en la selección del resto de los seis síntomas, *una creciente preocupación de las madres por los problemas de aprendizaje, manifiestos en la escuela.* En la siguiente gráfica, podrá observar en el eje horizontal los seis síntomas en orden de preferencia según la muestra, que ellas eligieron como más perturbador a menos perturbador. Compararon el primer síntoma mencionado de cada grupo (**1St.** Significa: primer síntoma citado de TDA/H, TND y TD. El segundo tercio de columnas, **2St.** Significa: segundo síntoma citado de TDA/H, TND y TD, así sucesivamente hasta **6St.**)

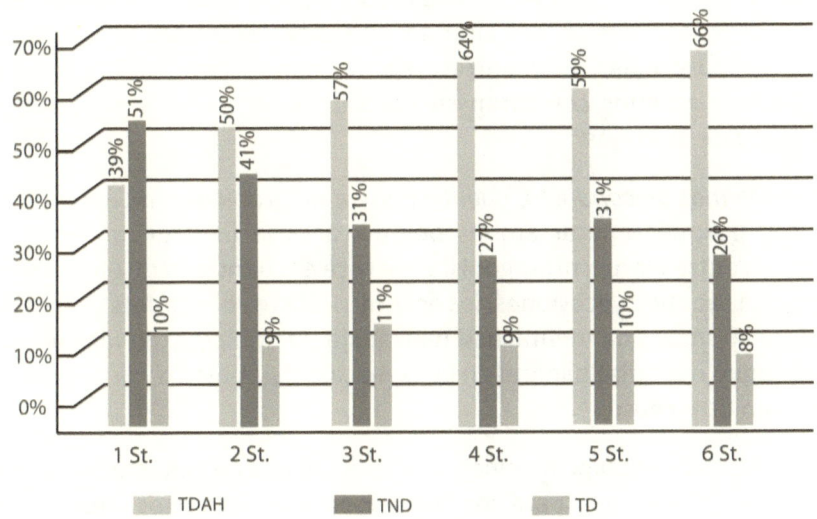

Queda en evidencia que el primer síntoma, de los seis que las madres eligieron **y que más les preocupa** pertenece a la familia de síntomas del Negativista Desafiante. Podemos suponer que, por lo que representa para la convivencia diaria en un hogar, las madres eligieron un síntoma representativo de la conducta y no en un problema de aprendizaje que bien podría ser la prioridad de los maestros en las escuelas.

Pero por otra parte queda claro que, comparada con la visión focalizada de los maestros, los padres pueden mirar a su hijo desde una perspectiva más global y sistémica, por lo mismo, mucho más abarcadora. *Los padres identifican en sus hijos, además de la función educativa, su papel en la sociedad, su lugar en la familia, su desempeño en el trabajo, su papel con la novia, etc*. A los padres les preocupa que su hijo no se integre de manera normal a la vida en todas sus áreas que la componen.

Otro elemento que se puede observar en la gráfica anterior es que, en la medida en la que las madres elegían más opciones de algunos otros síntomas, esta tendencia cambia su dirección del TND hacia los síntomas del TDA/H. El segundo lugar entonces, se lo llevan los síntomas que pertenecen a los niños Hiperactivos. Para el caso de síntomas del Disocial, permanecieron con las más bajas menciones.

Esta gráfica puede explicar el conflicto que se puede generar entre padres y maestros. El conflicto de intereses llega cuando ambos entran en contacto con el niño. A los maestros les preocupa, naturalmente, el desempeño académico del alumno. Buscarán entonces privilegiar su rendimiento escolar. Esto entrará en disonancia con los intereses de los padres, quienes centrarán su preocupación en los problemas de conducta de sus hijos.

Los problemas de conducta, pueden derivar en problemas de aprendizaje. No hay porqué separar ambos objetivos. Es la falta de un abordaje conjunto entre los dos protagonistas de este encuentro lo que no permite lograr, en repetidas ocasiones, los acuerdos. Si tan solo padres y maestros desarrolláramos una mentalidad de trabajo en equipo, y privilegiáramos un enfoque multidisciplinario en la formación de nuestros hijos, las cosas tomarían otro cause.

El Dr. Villegas y su equipo finalmente unieron los dos síntomas mencionados con mayor frecuencia para los tres casos: para los hijos Desafiantes, Hiperactivos y Disociales. Los resultados quedaron como sigue:

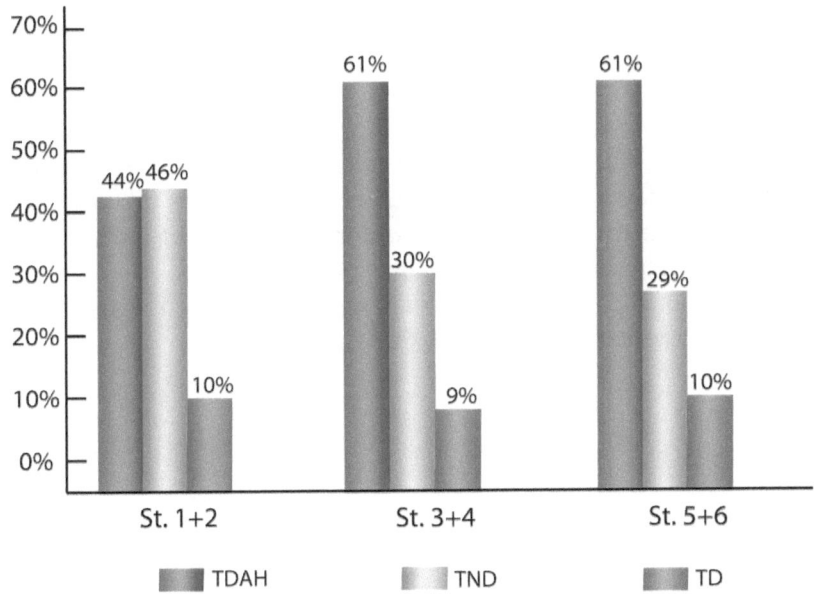

A pesar de este ejercicio, la sintomatología que más preocupa a los padres nuevamente tiene que ver con el Negativismo Desafiante, alcanzaron a sumar un **46 %** de las menciones. Es decir, que la preocupación más importante—basado en la sintomatología—tiene que ver con el niño con un TND manifiesto o activo.

La conclusión que salta a primera vista es: a los padres les preocupa más la conducta de sus hijos que su aprendizaje. Lo que no signifique que lo segundo no les preocupa. Sino que, **en orden de prioridad, a los padres les angustia más la formación de carácter que la educación académica**.

A los padres les preocupa la formación integral de los hijos, a los maestros les preocupa su educación. Los padres pensamos en el corazón de los hijos, los maestros, en la razón. Por lo mismo, lo que preocupa primordialmente a los padres es la conducta de sus hijos. Y lo que más preocupa a los maestros es la falta de atención a sus clases. Los esfuerzos, entonces, irán enfocados a lograr diferentes objetivos. El problema es que ambos participan activamente en la formación de los niños. Y tarde o temprano tendrá lugar el conflicto de intereses.

Regreso una y otra vez a la propuesta del presente proyecto, el trabajo en equipo. Un abordaje de los problemas de los hijos en un esfuerzo conjunto. Una comunicación fluida entre padres y maestros. Un respeto indiscutible hacia la autoridad de los maestros en el plantel y un respeto natural de los maestros hacia los sentimientos que los padres tenemos por nuestros hijos.

Después de todo podemos constatar que los mejores maestros, los que efectivamente logran resultados, **son todos aquellos que trascienden a su salón de clases y se comprometen en la formación integral de sus alumnos. Su secreto es que logran unir la preocupación escolar con la preocupación paterna.** Los resultados quedarán grabados en nuestra memoria. Porque aquellos maestros trascendieron en nuestras vidas y nosotros les recordaremos con mucho respeto y cariño.

TRES NiVELES DE TND

Para el buen manejo de este trastorno de la conducta y para la selección del procedimiento más adecuado para su abordaje será fundamental que los padres podamos identificar su estado de avance en el desarrollo del niño. Para auxiliar a los padres durante el tratamiento del Negativismo Desafiante, he diseñado un esquema en el que se puede observar su progreso. Es así como los padres pueden también identificar la manera más adecuada para enfrentarlo. El progreso del trastorno de Negativismo Desafiante en un muchacho se puede identificar al comprender el avance que ha mostrado principalmente en sus conductas. Para su fácil manejo elegí tres niveles en los que he observado los cambios más evidentes.

PRiMER NiVEL

Este se presenta muy al comienzo. Estamos pensando en niños de entre los 3 y los 10 años de edad. Las conductas de los niños muestran, en esta etapa, una incipiente manifestación de los síntomas antes citados. En este primer nivel apenas nos percatamos que algo anda mal en nuestro hijo. El problema es que todo es fácilmente atribuible a lo que la gente llama "el carácter", pero de fondo, sabemos que "algo" se está cocinando. Notará que los **accesos de cólera** se vuelven cada vez más frecuentes y más intensos haciendo que pierda cada vez más el control. **Discute** de todo cuando se le da alguna orden. **El desafío** a las figuras de autoridad va en aumento, tanto que cada vez más **se niega** a acatar las indicaciones. **Los pleitos** con sus hermanos resultan el pan nuestro de cada día. **Acusa a todos** los que le rodean de sus propios errores. Notará que poco a poco se vuelve más **quisquilloso**, extremadamente delicado y **resentido.** Lo que finalmente les lleva a un estado constante de **venganza.**

En el primer nivel podremos observar cambios evidentes de conducta y un incremento en la intensidad y frecuencia de los ocho síntomas antes citados. Nada grave hasta el momento. Pero cuando el trastorno lleva al joven al siguiente nivel, la preocupación en los padres aumenta de manera considerable. Mientras el joven no brinque a la segunda etapa, parece que todo se puede manejar en casa. El problema del siguiente nivel es que el muchacho ya reafirmó las conductas desafiantes anteriores y esto le llevará a defender su territorio adquirido.

SEGUNDO NIVEL

Pensemos en jóvenes preadolescentes y adolescentes. Aproximadamente de entre los 10 y 15 años de edad. Sólo con identificar las edades podremos comprender la complejidad de esta segunda etapa. El peligro central de este segundo nivel, es que lleva a los hijos por **el camino de la experimentación**. Si titulara esta etapa, "experimentación" sería su nombre. Porque es en esta edad en la que los muchachos buscaran nuevas sensaciones. De por sí, de manera natural y en un estado de normalidad los jóvenes experimentan en esta edad. El problema con el desafiante es que la experimentación, para él significará nuevas emociones, retos y principalmente peligros.

Es durante esta etapa en la que usted se enterará que su hijo probó el alcohol por primera vez y quizá hasta se emborrachó. O que probó por curiosidad algún estupefaciente como las tachas, la mariguana, cocaína, etc. Es en esta etapa en la que típicamente se descubre al hijo mirando una película o revista pornográfica.

Sabrá que el segundo nivel ha llegado cuando se entere que su hijo, de apenas 12 años, fue reportado porque se estaba besando con las niñas de su escuela. Notará que las experiencias sexuales serán cada vez más explícitas, prematuras y precoces. También en esta etapa, observará que sus actos resultarán cada vez más temerarios. Es probable que se entere de que su muchacho, en asociación con otros, participó de una vagancia extrema, como rayar las paredes del vecindario, que se fuga de la escuela con sus amigos o que se embriaga en cada fiesta a la que asiste.

A pesar de lo grave de la lista de conductas, todavía estamos a tiempo de hacer algo para evitar el proceso evolutivo del Trastorno Desafiante. De hecho los padres han de esforzarse para evitar el avance hasta la tercera etapa, en donde los daños ya son irreversibles.

TERCER NiVEL

En el último nivel frecuentemente ya estamos hablando de jóvenes mayores a los 15 años. Debo aclarar que esta etapa llega **no necesariamente por la edad cronológica del muchacho, sino porque su conducta inadaptada ya le empujó al límite**. Llegarán a esta etapa cuando la falta de un tratamiento oportuno del trastorno ya les llevó a cruzar el punto sin retorno.

Los pilotos, cuando hacen algún viaje en el que van a cruzar el océano, evidentemente no cargan suficiente combustible para ir y regresar. Esto les lleva a determinar "el punto sin retorno," que normalmente es marcado un poco después de haber cruzado el 50% del recorrido. Una vez que se ha cruzado el punto sin retorno, ya no pueden regresar y deben continuar.

En el caso de los jóvenes desafiantes, se cruza un punto sin retorno cuando la experimentación les llevó a un cambio importante en sus vidas. Por ejemplo, el joven que experimenta el uso del alcohol y termina haciéndolo parte de su vida ya como alcohólico funcional. O el joven que decidió experimentar con las drogas, lo que le llevó al punto sin retorno cuando se vuelve adicto. Lo mismo pasa con el joven que experimenta el contacto sexual que le llevó al punto sin retorno cuando embaraza a su novia.

Las cosas ya no son igual después de cruzar la línea del punto sin retorno. Su carácter cambia, su agenda cambia, sus actividades cambian, sus planes cambian, su futuro cambia, su destino cambia. Prácticamente todo cambia después de cruzar la línea que marca el punto sin retorno. En el otro extremo de la línea estamos los padres, sufriendo, porque nos duele mirar el proceso.

Es el cruce de esta línea lo que los padres debemos evitar actuando cuanto antes, para evitar el avance que los hijos hacen hacia el desastre. Nosotros, los padres del desafiante, no deseamos ver a nuestros hijos cargando, antes de tiempo, con la responsabilidad de una familia por un embarazo prematuro. Tampoco queremos verlos esclavizados por alguna adicción. O peor aún, en prisión, como resultado de su falta de control de sus impulsos. Nos aterra saber que siguen avanzando.

Entendamos y aceptemos –dado el caso- que nuestros hijos pueden encontrarse rumbo a un colapso. Que puede ser muy frustrante para nosotros los padres ver cómo ellos destruyen su futuro. Pero los padres, debemos también asimilar que no nos toca a nosotros tomar la decisión que cambie el rumbo de su vida. Tomar la mejor decisión de continuar o no por ese camino, es responsabilidad única de los hijos. Es su propia voluntad—que por cierto tanto defienden—la que al final los llevará al éxito en su vida o que terminará por destruirlos. Esto es difícil de asimilar.

Pero si usted se enfoca hacia el cambio de decisión, debe saber que está peleando una batalla perdida. Que lo único que hace al tomar ese rumbo, es alimentar en el muchacho su negativa desafiante de llevarle la contra. Ese no es el territorio por ganar. Son ellos los que deben tomar la decisión del destino que quieran darle a su vida. Nuestra función es mantener los canales de comunicación en condiciones óptimas para estar ahí cuando ellos tengan dudas sobre los caminos que toman y los cambios que éstos les imponen.

Si ha observado el avance del Trastorno Desafiante en su hijo, no se preocupe, mejor ocúpese en la serie de recomendaciones y sugerencias que le iré dando en el desarrollo del proceso. Cualquiera que sea su circunstancia, quiero decir, si se encuentra en el primero, segundo e incluso el tercer nivel, jamás pierda la esperanza. Siempre habrá algo por hacer y seguro que todavía puede tomar el camino más adecuado.

AYUDA A QUE TU HIJO RECUPERE EL CONTROL
Y LE DÉ SENTIDO A SUS IMPULSOS

TERCERA PARTE: ¿QUÉ HACER?

*C*uando los padres hemos descubierto el problema, nos llega el momento de hacer algo. El Negativismo Desafiante no es algo de lo que se deba lamentar. No está desahuciado y su hijo no tiene nada incurable. De hecho, no es una enfermedad sino un trastorno del desarrollo.

No obstante, es necesario crear una estrategia que nos permita cooperar con los profesionales del área que se vean involucrados en nuestro proceso de recuperación familiar. Esta parte del camino es en la que los psicólogos requerimos de un **muy alto nivel de compromiso** de parte de los padres. Por lo mismo, yo como padre de un joven con Negativismo Desafiante le animo a que sume esfuerzos con el profesional que atiende a su caso, porque sí existe un camino, si es real el cambio, si es posible vivir en paz. Además le invito a que identifique y asuma su propia responsabilidad en el camino de la recuperación familiar y que participe de manera activa durante el proceso.

Por otra parte, como profesional del área de la salud he aplicado muchas técnicas y creado otras tantas en el tratamiento del Negativismo Desafiante. He podido corroborar cuáles de éstas en efecto funcionan y cuáles no. Desde que descubrí este trastorno de la conducta en mi propio hijo me he dado a la tarea de experimentar y diseñar caminos de recuperación y he registrado los resultados al paso del tiempo. En el presente, a pesar de que no puedo decir que el asunto está del todo controlado, sí puedo decir que si mi propio hijo no hubiera recibido la atención que le he dado por tantos años, hoy día ya habría manifestado un cuadro completo del trastorno Disocial, que como antes explicaba, es la antesala al crimen.

El tratamiento propuesto es con un soporte clínico familiar sistémico. Lo que demanda mucho de la participación de los padres para su aplicación. Las técnicas aplicadas están diseñadas para ofrecer respuestas prácticas a nosotros, los padres del hijo con Negativismo Desafiante.

¿CON QUIÉN ESTOY TRATANDO?

Los capítulos anteriores nos han permitido tener una idea más puntual sobre las conductas inadaptadas en nuestros hijos. El primer filtro ha sido expuesto, con los datos anteriores sabremos si estamos enfrentando a un hijo Hiperactivo, Desafiante o Disocial. Reitero el objetivo de la presente investigación, que es identificar si es que existe la conducta Desafiante en nuestros hijos y ofrecerles apoyo a los padres sobre el abordaje que puedan darle en el hogar, contribuyendo de esta manera al tratamiento clínico que el profesional pueda recomendarles.

Una vez que usted sospecha que tiene en sus manos a un hijo Desafiante, el siguiente paso, será identificar todo el contexto que rodea a su hijo. Debemos hacer un esfuerzo por identificar las necesidades que ellos generan de acuerdo a la etapa bajo la que se encuentran.

Las personas cambian con el paso del tiempo y sus necesidades se modifican en el transcurso de los años. Incluso Piaget (1995) describe el desarrollo del niño, como una constante búsqueda de equilibrio. Pero si los padres nos quedamos atrapados en el pasado y queremos tratar con los hijos como lo hacíamos cuando eran unos niños, se romperá la relación y la comunicación en el hogar. El bloqueo llevará a los hijos a generar aquella falta de confianza en la habilidad paterna, tan necesaria para el trato con el joven desafiante.

No podemos tratar siempre igual a nuestros hijos simplemente porque sus necesidades van cambiando. Saber con quién estamos tratando es tarea de los padres. Porque somos nosotros quienes debemos aprender a renunciar a métodos que quizá fueron efectivos en el pasado, pero que al presente han perdido su efectividad. Paradójico, pero en muchos casos los métodos correctivos utilizados en una etapa inapropiada pueden romper el flujo de la relación y la sana comunicación en nuestro hogar. Necesitamos, si deseamos hacer que las cosas funcionen mejor en casa, primeramente mantener o reanudar –según sea el caso- la relación con ellos.

Tómese unos minutos y observe a su hijo. Escuche su voz. Note que su cuerpo ha cambiado. Ahora, es más alto y robusto. Su fuerza y musculatura ya compiten con usted y quizá tiempo hace que le dejaron atrás. Mire la expresión del rostro en su hijo, se está endureciendo. Está madurando. Quizá el joven ya se rasura y hasta utiliza su misma máquina y loción para afeitar. Posiblemente utiliza algunas de sus prendas de vestir, y su calzado no lo utiliza solo porque le parece anticuado o le aprieta.

Su hijo también ha cambiado por dentro. Su manera de pensar, de sentir y de actuar, han sufrido una profunda transformación. Sus amigos han cambiado, sus reacciones han cambiado, sus intereses se han modificado, en general, él es diferente. ¿Por qué entonces usted insiste en tratarlo igual?

Por esto quiero ofrecerle una clasificación que le permita identificar los cambios más importantes que tienen los hijos mientras ellos permanecen en el hogar. Esta clasificación en consulta ha resultado muy clarificadora para responder a la pregunta antes planteada: ¿Con quién estoy tratando?

Primero, trace una línea y ponga al comienzo el 0 y al final el 25. Imagine que esta línea representa los años que sus hijos permanecerán con usted. Creo que, de manera conservadora, los hijos estarán con nosotros algunos 25 años. Esto, antes de que inicien su independencia absoluta. Como una anotación a pie de página verá que es realmente poco tiempo para capacitar a los hijos para la vida. Por esto los padres no podemos perder tiempo. Ellos crecen y no esperan.

En seguida, divida la línea en cuatro partes y coloque la siguiente numeración delimitando cada tramo: 0-5, 5-15, 15-20 y 20-25. Esta división representará cuatro etapas en las que debemos ubicar a nuestros hijos. Añadamos luego el objetivo que se persigue en cada una de las cuatro etapas, en ese mismo orden: **Formación**, **Educación**, **Guía** y **Liberación**. Hasta aquí, el diagrama quedará de la siguiente manera:

Formación	Educación	Guía	Liberación
0 ——— 5	——— 15	——— 20	——— 25

Elegí el título que lograra describir dos cosas básicas en la relación entre padres e hijos: **Objetivo** y **Necesidad**. El primero se dirige a los padres y el segundo a los hijos. Cada uno de estos cuatro términos describe ampliamente **el objetivo** que los padres debemos perseguir en cada una de las etapas del proceso formativo de nuestros hijos, y descubre además **la necesidad** que ellos experimentan en cada uno de estos períodos de su vida. Esta información nos permitirá un acceso directo a su corazón.

Por otra parte, el trato que los padres tienen con sus hijos, debe evolucionar de acuerdo al objetivo que se persigue en cada etapa. Si su hijo tiene 5 años, no lo tratará igual que si tuviera 15. De igual modo, el trato será diferente si hablamos de un muchacho de 18, comparado con el trato que se tiene con un joven de 25.

No considerar ambos ángulos –**el objetivo** y **la necesidad** en cada etapa– es como tratar de caminar en una caverna totalmente en tinieblas sin una antorcha a la mano. Permítame explicar ambos ángulos en cada una de las cuatro etapas:

FORMACIÓN

La etapa de formación corre de los 0 a los 5 años de edad. Es el tiempo en el que es mucho más fácil ser padre (comparándola con las etapas que le siguen). A esta edad parece que los niños fueran de plastilina ¡Los padres podemos hacer con ellos casi cualquier cosa! Permanecen a nuestro cuidado, nos ven a los padres como los que todo lo pueden y todo lo saben. Nos admiran. El cetro de poder permanece en nuestras manos y será así por lo menos hasta que ellos llegan a la pre-adolescencia. Época en la que el cetro del poder es retirado de mano de los padres para ser otorgado a un *rockero* greñudo, harapiento y mal vestido, que su hijo dice que canta -cuando usted solo escucha los gritos del sujeto-. No se desanime, sucederá de cualquier manera. Y si hoy tiene el cetro del poder, disfrútelo mientras dure.

En esta etapa el objetivo básico que los padres debemos perseguir es la **formación de hábitos y el establecimiento de rutinas**. Los hijos necesitan una estructura que les dicte a ellos el programa de un día. Los hábitos van desde la hora de levantarse hasta la hora de jugar. La hora de comer y la manera en que lo hacen. El buen hábito de cooperar en casa y la cordialidad del trato con las demás personas. El aprendizaje correcto del lenguaje, hasta el uso apropiado del mismo que le facilita el proceso de maduración de su capacidad de razonamiento. En fin, si mira en detalle, los padres enseñamos a los hijos a aprender hábitos, y el éxito de esta etapa se observa en la medida en la que ellos los aceptan.

Tres elementos fundamentales para considerar y poder así atender mejor a las necesidades de nuestros hijos durante los años de formación, son: Primero, *la capacidad del niño para razonar*. Según Jean Piaget[10], durante la primera infancia, que él ubica desde los 2 hasta los 7 años de edad, la capacidad de razonar se encuentra en desarrollo, simplemente porque el niño apenas está en proceso de interiorizar el lenguaje. Esto significa que si usted trata de razonar con un menor que se encuentra dentro de esta etapa, sólo logrará frustrarse. Claro que el niño es inteligente para entender lo que usted trata de decirle, pero no lo asimila como usted lo requiere.

El segundo elemento por asimilar se centra en la necesidad psicológica fundamental que un niño genera en la etapa de formación (0-5). *Se trata del desarrollo de la confianza en sí mismo*. Debemos lograr que el niño se atreva a confiar en su buen juicio, en su persona y sus acciones. Un niño desarrollará confianza en sí mismo en la medida en la que él cumpla con sus funciones básicas. El conocimiento y aceptación de las rutinas y la realización de las tareas cotidianas, hace que el niño tenga la sensación de que ha cumplido con las expectativas que se tienen sobre él. Y esto le permite desarrollar confianza en sí mismo. De ahí la importancia de crear y vigilar para el niño las rutinas de cada día.

El tercer elemento importante para esta primera etapa es *el manejo adecuado del poder en el hogar*. Si pudiéramos definir la educación en una sola idea, ésta bien podría ser: **La liberación paulatina del poder**. Cuando los padres observamos conductas maduras, manifiestas en un manejo maduro del poder, liberamos más poder. La labor básica de los padres es enseñar a sus hijos a manejar el poder. El poder del dinero, el poder del tiempo, el poder del uso del cuerpo y mente, el poder de la toma de decisiones, etc.

El poder debe ser liberado a los hijos de manera paulatina a partir de la segunda etapa, me refiero a la etapa de la educación (6-15). La primera lección que los padres enseñamos a los hijos dentro de la primera etapa, es a obedecer. Por lo mismo, no se debe soltar **nada** de poder durante los primeros años de vida de los hijos. Cuando los padres incurren en este error, hacen que los hijos se vuelvan exigentes, controladores y manipuladores. En resumen, unos tiranos. Un pequeño porcentaje de poder otorgado en la etapa de formación de hábitos se convertirá en una exigencia para los siguientes diez años.

---

10   Jean Piaget. Seis estudios de psicología. (Colombia: Editorial Labor, 1995): Pág. 28

EDUCACIÓN

No me refiero a la educación tradicional. La educación tal y como yo la describo comienza a los 6 años y continuará hasta los 15 años de edad. Para el inicio de esta etapa, su capacidad de razonar ya se ha desarrollada casi en su totalidad. Por lo mismo, los padres debemos echar mano de esta capacidad del niño *para el establecimiento claro y efectivo de los límites*. Por lo tanto, las reglas que permean el sistema familiar durante este tiempo, deben ser especialmente lógicas para que el hijo se vea motivado a obedecerlas. Lo razonable de las reglas, facilitará la aceptación de los límites y garantizará en mayor medida, el buen funcionamiento del sistema familiar.

Lo anterior pone en riesgo a los padres. Primero porque serán cuestionados por sus hijos en sus conductas, en su moral y en su congruencia. Una doble moral resultará en una base quebradiza que terminará por dejar a los padres en serias desventajas ante los hijos desafiantes. La injusticia que genera la incongruencia de los padres provoca enojo intenso en sus hijos, alimenta el resentimiento y termina por generar rupturas dentro del núcleo familiar.

Según el DSMIV, la incoherencia de quienes tengan a cargo el cuidado de la educación de los jóvenes es una de las principales razones que hacen más persistente el Negativismo Desafiante en un hogar:

> El trastorno negativista desafiante es más prevalente en familias donde los cuidados del niño quedan perturbados por la sucesión de distintos cuidadores o **en familias donde las prácticas educativas son duras, incoherentes o negligentes.**[11]

Podemos concluir entonces que uno de los mayores riesgos que se viven en el núcleo familiar donde existen conductas desafiantes en los hijos es la inconsistencia de los padres. Esta es puesta de manifiesto en la falta de una adecuada aplicación de las consecuencias ante los actos inadaptados de sus hijos. Los padres que no hacen valer los límites establecidos por ellos mismos están generando un margen que se convertirá en tierra de nadie. Si a usted le pasa esto, deberá considerar que su hijo desafiante no dudará en apoderarse de este espacio libre que después reclamará como propio.

El segundo riesgo durante esta etapa es la incapacidad moral de algunos

---

11   American Psychiatric Association (1995), DSM-IV, pág. 97 [énfasis añadido]

padres para aplicar consecuencias sobre conductas que no han sido superadas por ellos mismos. Este es un asunto que el hijo desafiante no perdona y cuestiona. Predicar con el ejemplo a los hijos es fundamental, principalmente para aquellos padres que educan hijos desafiantes. La incongruencia de los padres, será entonces un segundo reto a superar.

El manejo del poder, será el tercer reto al que nos sometemos los padres durante los años que proyectamos la educación. La capacidad racional del manejo del poder debe ser ejercida y puesta a prueba durante esta etapa. Los padres debemos comenzar a liberar el poder a nuestros hijos en la educación. Si fuera posible medir la cantidad de este elemento, diríamos que debemos comenzar por liberar apenas un 10% de poder en esta etapa. Este poder, quedará de manifiesto, por ejemplo, en la libertad para ir a la tienda de enfrente. Con dinero en mano y con un tiempo determinado de regreso.

En este puro acto antes mencionado, se suman tres elementos de poder:

- ✓ **La salida** de la casa (Aunque sea a la tienda de enfrente)

- ✓ **Dinero** en la mano.

- ✓ **Tiempo** bajo su control.

Los padres esperamos la respuesta del hijo en estas tres áreas: que llegue a los pocos minutos que le enviamos (tiempo), que nos regrese el cambio (dinero), que no se quede con sus amigos en la calle (salida). Además, esperamos que traiga lo que le encargamos. En suma, a esto es a lo que llamamos: responsabilidad. Y si el niño nos *responde* favorablemente, le damos más poder.

Nuestra labor para estos años es ayudar a que nuestro hijo comience a decidir y a razonar sus decisiones. A esto le ayuda el 10% de poder. En otras áreas de poder en las que es posible aplicar el ejercicio de su libertad, es con sus tareas escolares. Ante esto, podemos utilizar una técnica que se llama *ilusión de alternativas*. Por ejemplo, cuando les otorgamos la decisión de la hora de hacer la tarea. Empleando la técnica, diríamos:

-"Prefieres hacer la tarea ahora o después de la comida".

Note que el objetivo de los padres se cumple. El niño hace su tarea. Pero la elección de la hora (que es la ilusión de alternativa) le da el 10% de poder de decisión al niño. Cuando él elige la hora tiene la sensación de poder y seguro hará su tarea con mejor ánimo que si se lo imponemos.

Respecto a la ropa. A partir de los 5 años podemos darle la elección entre dos alternativas de cambios que nos parezcan viables para el evento que tengamos, diciendo: "Qué prefieres ponerte: la blusa roja o la blanca". Nuevamente ofrecimos a los hijos la ilusión de la alternativa, cuando verdaderamente ambos cambios de ropa son aceptables para nosotros.

Como antes mencionaba, si los padres soltamos el poder antes de tiempo, nos cobrarán unas facturas enormes. Como puede ser el caso de darle la elección de la ropa a un hijo menor a los 5 años. Piense en una niña de 3 años que ya está acostumbrada a elegir su ropa, y que si no tiene el cambio que ella quiso les arma un drama a sus padres. Claro que ellos creían que eran "buena onda" con su nena, haciendo que ella desde sus 3 años aprendiera a elegir su propia ropa. Pues ella les armará dramas y berrinches porque quiere llevar el pantalón de mezclilla a la boda de la tía, y llorará hasta lograr su cometido.

El poder ofrecido de manera prematura solo acarrea conflicto para la siguiente etapa. En el ejemplo anterior, la niña sólo aprendió a imponer su propia voluntad y a manipular si es necesario. Un hijo menor de 5 años no razona el efecto del poder.

GUÍA

La dinámica entre los padres y los hijos durante esta etapa, es la misma interacción que se da entre un maestro y su alumno, entre un terapeuta y su paciente, entre un líder y su seguidor, entre un aprendiz y su mentor. Entre un padre y un hijo durante este tiempo, debe ofrecerse el camino de la recomendación, del consejo, de la sugerencia. En una palabra, los padres tenemos como objetivo principal servir de guía a nuestros hijos.

La etapa de guía inicia aproximadamente a los 15 años de edad y podríamos darle una duración de algunos 5 años. Durante estos años estaremos tratando con muchachos de entre 15 y 20 años de edad. Si ubicamos esta etapa de manera general podrá observar que estaremos cerrando la adolescencia y abriendo le etapa del desarrollo de la juventud.

Es el período en el que los hijos deben manifestar un manejo mucho más responsable del poder. En esta parte del ciclo de la vida en familia los hijos se están preparando para el último episodio de su estancia en el hogar.

Tanto los padres como los hijos se disponen durante este tiempo para el proceso de liberación.

Durante estos años, se inicia el proceso de toma de decisiones importantes. En ese tiempo los hijos toman decisiones trascendentes. Una carrera para ejercer el resto de su vida. Deciden si trabajan y estudian. Su noviazgo toma tintes mucho más serios. Eligen a su círculo social con el que terminarán conviviendo por largos períodos e incluso, algunos de ellos se convertirán en sus amigos de por vida. En general las decisiones en esos años son trascendentes, de ahí que la guía de los padres, a través de su consejo, resultará fundamental para esos momentos. El poder sufre un movimiento significativo en este tiempo.

Si regresamos al gráfico anterior y añadimos el concepto del poder en cada una de las etapas, quedaría de la siguiente manera:

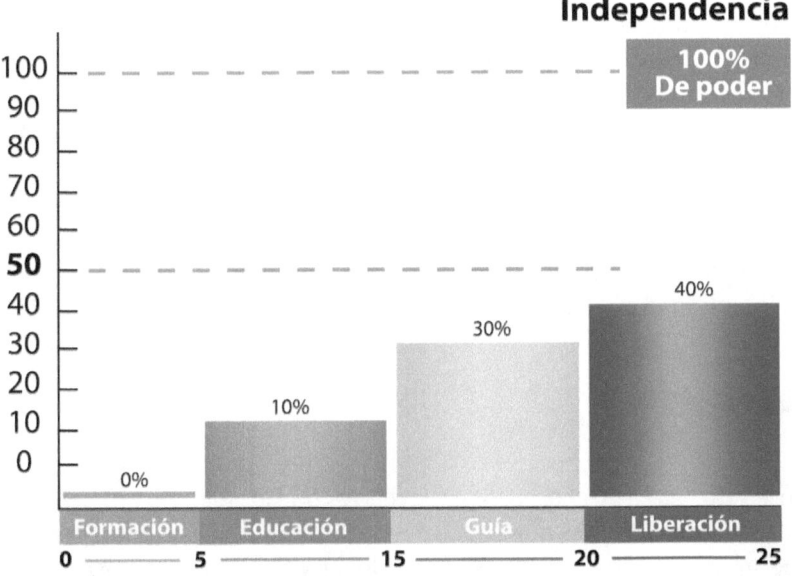

La labor de los padres es lograr la **independencia** de los hijos y entregar el control total de sus vidas en sus propias manos (100% de poder). La liberación debe ser paulatina. Gradual. Y en este gráfico se pueden evidenciar los problemas que nos aquejan en el hogar en las distintas etapas. Como antes decía, piense en un niño de 3 años con poder de decisión. El niño decide el color de su ropa, la hora en la que come, la hora de dormir, el canal de TV que quiere ver, etc. Cuando esto ocurre, se vuelve una exigencia para el siguiente período, porque, territorio ganado por los hijos, siempre será territorio perdido para los padres.

Lo contrario ocurre con la falta de poder en la etapa de la guía, que es el tiempo, como antes refería, en la que los hijos toman decisiones importantes. Para asimilar lo que sucedería en el hogar bajo semejantes circunstancias, pensemos en cualquier empresa en la que el jefe no sabe delegar el poder de una manera adecuada a alguno de sus subordinados. Porque delegar supone dos cosas: *otorgar autoridad y exigir responsabilidad*. Podrá imaginar lo frustrante que sería que su jefe le exija la responsabilidad que su puesto demanda sin otorgarle la autoridad que usted requiere. Con nuestros hijos sucede lo mismo. El poder les hará falta para la superación de los obstáculos propios de la edad que generen confianza en ellos mismos y en sus determinaciones.

Existen dos condicionantes que resultan determinantes para que se mantenga la buena armonía en el hogar en esa edad. Primero, la disposición de los padres para liberar más poder y segundo, que los hijos confíen en las buenas recomendaciones de sus padres. Por lo mismo el éxito en la etapa de guía, dependerá, en gran medida, del buen funcionamiento de las dos etapas anteriores. Porque la buena guía descansa sobre una formación adecuada de hábitos y sobre un período de educación razonada. Si ambas partes se dieron en su momento, los hijos confiarán en sus padres. De lo contrario, no creerán en ellos ni en sus recomendaciones. Los padres perderán entonces la maniobrabilidad que es indispensable para esta parte del camino en el hogar.

LIBERACIÓN

La premisa básica en el proceso educativo es que los hijos no nos pertenecen y que un día tendremos que verlos partir. Debemos, por lo tanto, permitirles experimentar la libertad. Nadie aprende a nadar en un salón de clases o a través de un libro. La única manera de aprender a nadar es tirándose al agua. Es así como podemos experimentar la sensación de que nos ahogamos, pero al mismo tiempo, experimentamos el poder de flotar. Por más que los instructores nos expliquen lo que sentiremos al nadar, no lograremos nada hasta que lo experimentemos por nosotros mismos.

Hablando con propiedad, el proceso de liberación de los hijos inicia desde su nacimiento. Los padres debemos facilitar el contacto de ellos con la libertad y el poder. Bajo el entendido de que todo tiene su momento. Pero la etapa evidente de la liberación se manifiesta cuando ellos rebasan los 20 años. Es el momento en el que se encuentran a algunos pocos pasos de terminar su carrera profesional, y es cuando están pensando en un trabajo directamente relacionado con su profesión. Es cuando experimentan más de cerca el valor del dinero, a pesar de que sus gastos pesan más que sus ingresos. Es el tiempo cuando el noviazgo ya tomó dimensiones importantes e incluso ya hablan del día en que se van a casar.

Cuando enseñaba a manejar a mi hijo el mayor recuerdo que muy al principio lo sentaba en mi pierna y él sujetaba el volante. Claro que yo permanecía en control total del vehículo. Él, solo tenía la sensación de que manejaba, pero realmente no tenía absolutamente nada de control (poder) del auto. Esto sucedió hasta el día en que descubrió que yo realmente conducía. Recuerdo que miró la parte baja del volante y se dio cuenta de que él no estaba realmente conduciendo. Entonces quitó mis manos del volante.

Decidí permitirle experimentar el poder (10%) bajo mi control, cuando solté la dirección y dejé que él tomara el control, por lo menos del volante. Recuerdo perfectamente que él quería comprobar que estaba en control del auto y tiraba de golpe la dirección hacia uno y otro lado provocando que el vehículo se sacudiera hacia uno y otro extremo. Lo que mi hijo, hasta el momento ignoraba, era que yo permanecía en control del movimiento del coche. Yo frenaba y aceleraba y estaba ahí para retomar la dirección del automóvil de ser necesario.

Pero mi hijo crecía y ya no podía mantenerlo en mis piernas. Como ya alcanzaba a pisar los pedales, decidí que era tiempo de liberar más poder. Los dos nos sentamos en el mismo lugar (30% de poder). Y permití el avance de su aprendizaje y experimentación. Le expliqué el uso y funcionamiento de los pedales de aceleración y frenado ¡Puede imaginar la sacudida constante entre aceleración brusca y frenado de golpe! Y si sumamos a la aceleración y frenado, lo divertido que le parecía mover el volante de un lado a otro, hasta mareado terminaba.

Con la experiencia que tenemos nosotros, evidentemente manejamos mejor. Pero ellos deben aprender a manejar. Los padres no solo manejamos mejor un vehículo, sino la vida misma. Con toda nuestra experiencia acumulada al paso de los años, es más fácil para nosotros tomar decisiones calculando los riesgos. Nosotros ya logramos llevar la vida con cierta sabiduría, tal y como podemos manejar el vehículo y hacer los cambios de velocidad con mucha más sutileza. Esa habilidad nuestra ante la vida puede seducirnos a tomar el control del "volante" de la vida de nuestros hijos y apoderarnos de sus decisiones. Seguro cometeríamos menos errores que ellos. Pero al tomar nosotros el control total de sus vidas cometeríamos el peor error en el proceso de su formación, al **no permitir que ellos cometan sus propios errores al experimentar, y que maduren y crezcan en el proceso.**

Regresando al relato del ejemplo, llegó el momento en el que las habilidades de manejo en mi hijo mejoraron notablemente. Frente a mí, lo veía desarrollarse. Además de que ya no cabíamos juntos en el mismo asiento. Le dije que había llegado su hora de experimentar mucho más el control del auto. Recuerdo haberme sentado en el asiento del copiloto, *dándole indicaciones a distancia* y él permanecía al volante. Ese fue el momento en que experimentaba mucho más el control y el poder sobre el auto (40%).

Con los hijos, los momentos de liberar poder poco a poco nos convierten, cada vez más en observadores que en protagonistas, esa es la ley de la vida. Hoy día él maneja y lo hace muy bien. Y sé que llegará el momento en el que entregaré las llaves del vehículo (de su vida) para que él tome el control absoluto. Pero por ahora, quiero que practique (bajo mi cuidado) todo lo que más pueda.

Enseñar a manejar a nuestros hijos es una metáfora sobre enseñarles a vivir. Los hijos deben aprender a tomar decisiones que poco a poco les requieran mayores responsabilidades. Los padres debemos aprender a soltar y a confiar en ellos. Imagine lo que sucedería si yo no permito que mi hijo toque el volante o pise el freno y acelerador hasta que yo considere que he explicado todo lo que él debe saber. Imagine que él me pidiera la oportunidad de experimentar y yo le dijera: "Ya te llegará el momento, por ahora, observa". Y así me pasara la vida, y un buen día, de golpe, entregara las llaves del vehículo de su vida y le dijera: "Aquí tienes hijo, ¡Que Dios te proteja!". Es un hecho que se accidentaría.

Una nota muy importante acerca del manejo del poder en la etapa de la liberación. Los extremos, siempre resultan malos y en este caso con mucha mayor razón. Si recuerda la gráfica, el porcentaje de poder sugerido para otorgar a los hijos en la etapa de la liberación es de 40%. Lo que supone que los padres conservamos, para este período, el 60% restante. **Bajo ninguna circunstancia baje su porcentaje de poder en su función paterna de un 60%.** No se debe llegar a compartir jamás un 50% de poder con los hijos. Cuando los padres comparten el poder por igual con sus hijos, producen en ellos un estancamiento psicológico. Se pierde la motivación más grande para estimular su independencia.

Imagine el caso de un joven que se levanta a las once de la mañana y sale a jugar con sus amigos todo el día ¡Sin rendir cuentas a nadie! Regresa a las once de la noche para encontrar en su casa una cama confortable, comida caliente y ropa limpia. Bajo el cobijo de su zona de confort ¿Para qué querrá salirse de su casa? ¿Para qué buscará su independencia? No por nada, el número de NINIS (jóvenes que NI trabajan NI estudian) va en aumento alrededor del mundo.

De otro modo, cuando los hijos reniegan por lo límites que los padres les imponen con su 60% de poder, fuerzan a los hijos a abandonar el nido. Estimulan la independencia y generan el deseo de la autosuficiencia. Los padres que establecen reglas claras en casa ayudan a que sus hijos quieran seguir con el ciclo natural de la vida.

Un hijo mayor de 25 años necesita adquirir los **privilegios** de los jóvenes de su edad. Un ingreso obtenido como fruto de su trabajo, un medio de trasporte propio, un margen mayor de tiempo en sus salidas, el gusto y privilegio de tener novia, etc. Pero a la par debe recibir las **responsabilidades** de un joven mayor de 25 años. Cubrir los gastos de su vehículo, si no colabora con trabajo en casa lo debe hacer con dinero —mismo que se emplea para pagar a la persona que hace el aseo-, un horario limitado de llegada, obediencia hacia quién se hace cargo de sus gastos en casa, etc.

La responsabilidad adquirida y manifiesta en los límites del hogar paterno es el estímulo primario para que el joven desee la independencia. Imagine un joven de 32 años de edad, que todavía permanece bajo la sombra paterna y en alguna fiesta tenga que decirles a sus cuates que necesita dejar la fiesta —como la Cenicienta- porque sus padres no le permitieron quedarse después de las dos de la mañana. La molestia del yugo paterno será el motivador más sano para que él quiera luchar por su emancipación. No pierda este elemento fundamental de motivación y crecimiento de su hijo.

Los padres muchas veces se preocupan porque imaginan que cuando el hijo de 32 años logre su independencia, se va a echar a perder. Que vivirá de parranda, que va a meter a su departamento a … ¡quién sabe quién! Que malgastará sus recursos, etc. La lógica paterna es razonable. Pero cuando los hijos se hacen responsables de todos sus gastos y ya no tienen detrás a sus padres que les saquen de sus apuros, salen menos y ahorran más. Increíblemente ¡apagan las luces de las recámaras!, se levantan más temprano, lavan su ropa, organizan menos fiestas en su departamento por el trabajo de limpieza que esto les implica, trabajan con mucho más interés en su empleo, etc.

Pero un hijo que obtiene todos los privilegios propios de la edad y **cero** responsabilidades, no dejará la comodidad del nido, porque no le conviene. No es por temor, sino por comodidad.

He recibido en consulta muchos casos en los que son los padres consentidores el problema más fuerte para resolver la **abulia** de sus hijos. La abulia refiere a ese estado clínico del joven que está visiblemente disminuido en sus motivaciones, con una apatía extrema ante la vida, dificultades serias para tomar decisiones de manera independiente -que termina por bloquear su proceso maduracional-, pasividad extrema que reduce su interacción social, fuerte desgano para realizar actividades lúdicas, temor al fracaso laboral que no le permita lograr el estilo de vida que sus padres tienen, etc. En general, un joven con abulia tiene un trastorno en sus motivaciones que puede llevarle a la depresión o a un trastorno en sus conductas, como podría ser el consumo de sustancias para permanecer anestesiado y evadido de su realidad.

Los jóvenes abúlicos permanecen la mayor parte del día pasivos, indecisos, durmiendo, plantados frente al televisor, hablando por teléfono, queriendo salir a matar el tiempo con otros jóvenes que padecen de lo mismo.

No existe un acuerdo sobre el número exacto de jóvenes que hoy en México no trabajan ni estudian, pero indiscutiblemente *este número va en aumento.* Y una de las raíces principales de este fenómeno social, bien podría responder al efecto que los padres tienen sobre sus hijos. Padres que no quieren que sus hijos sufran lo que ellos sufrieron y les rodean de todas las comodidades: dinero, tiempo libre, un auto, permisos para divertirse ¡Nada les cuesta nada! Y es así como los padres no les otorgan la oportunidad de frustrarse al no conseguir algo y motivarse a luchar por conseguirlo.

Sólo dese cuenta de que sus hijos no hacen nada por obtener lo que tienen y en cambio, hacen todo por perderlo.

Quizá nosotros mismos, los padres de la generación de los NINIS, no estamos proveyendo los espacios necesarios para que nuestros hijos luchen por su independencia. Respecto a este tema, en esa dinámica familiar, quizá seamos nosotros el mayor problema por resolver.

AYUDA A QUE TU HIJO RECUPERE EL CONTROL Y LE DÉ SENTIDO A SUS IMPULSOS

PRIMER ELEMENTO: IDEA

En el tratamiento del Negativismo Desafiante existen cuatro criterios que resultan básicos. Diseñé el acomodo de estos cuatro primeros pasos a manera de acróstico, con el fin de facilitar su aprendizaje y aplicación. Los criterios son: instrucción, disciplina, ejemplo y amor. Y el acróstico, por sus iniciales, queda como sigue:

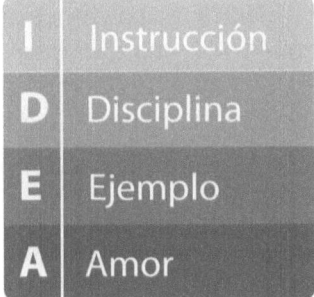

I	Instrucción
D	Disciplina
E	Ejemplo
A	Amor

Desarrollaré cada concepto por separado con su respectiva aplicación de tareas con el fin de hacer el proceso más práctico. Los cambios en la familia podrán ser observados al cabo del tiempo y en la medida en la que los padres apliquen las tareas recomendadas. Todo el tratamiento propuesto está contenido en estos cuatro criterios.

Como antes mencioné, el soporte clínico se basa en el paradigma familiar sistémico. Para dejarlo más en claro, piense en la tela de una araña. Si tocamos una hebra de la telaraña, notará que toda la estructura se mueve. La razón de esto se debe a que todos los hilos del entramado de la telaraña están interconectados. Pues en una familia resulta igual, porque todos los elementos que la componen están *interconectados* unos a otros. Y si hacemos un pequeño cambio en uno de sus miembros, el sistema familiar completo sentirá el efecto, tal y como se irradian las ondas en el agua. Mucho más, si dicho cambio se efectúa desde las figuras más influyentes del sistema familiar: los padres. El impacto será mucho más efectivo si la serie de tareas son prescritas a los padres y seguramente tendrá un efecto de cambio mucho mayor en el sistema familiar completo.

INSTRUCCIÓN

Instruye al niño en su camino y aun cuando fuere viejo, no se apartará de él.
(Proverbios 22:6)

Los hombres no acostumbramos seguir instrucciones. Nuestro cerebro registrado dos pasos básicos cuando por ejemplo adquirimos algún nuevo artículo. Primero: desempacar. Segundo: armar. Ya sea con la nueva TV, lavadora o equipo de sonido, el procedimiento siempre es igual. Primero, sacamos todas las piezas del empaque y segundo, simplemente comenzamos a armar. Salvo algunas excepciones, la gran mayoría de los hombres actuamos igual.

Es muy similar como cuando nos proponemos llegar a un domicilio nuevo. ¡Jamás pedimos instrucciones! Nunca preguntamos a la gente del lugar, preferimos insistir. Si es preciso daremos vueltas en círculos por horas hasta dar con el lugar. Y cuando la esposa amablemente sugiere: "¡Ahí está una persona! ¿Por qué no le preguntamos el domicilio?" ¡Hasta la pregunta nos ofende! Esto se debe a que, que cuando las cosas se ponen más difíciles, los hombres estimulamos nuestro instinto explorador. Y si por cientos de años a través de las generaciones los hombres hemos respondido igual ¿Qué hace pensar a la esposa que ese día algo será diferente?

Cuando se trata de los hijos, actuamos igual. Lo peligroso es que los hombres no admitimos, ni pedimos sugerencias. Peor aún, tampoco les damos a nuestros hijos las debidas instrucciones. Nosotros, como padres, esperamos que ellos actúen de manera madura, "como nosotros". Que supongan lo correcto. Imaginamos que ellos deberían saber las instrucciones, y si no es así, esperamos, que por lo menos, lo supongan y experimenten, tal como lo hacemos nosotros en la vida.

Por esto debemos comenzar por admitir que necesitamos ayuda y que debemos ofrecer ayuda a nuestros hijos. Ha llegado la hora de que los padres aceptemos que los hijos no tienen el sentido común desarrollado como deseamos. Por lo mismo, debemos ofrecerles las debidas instrucciones.

Nuestros hijos necesitan un referente. Un espejo que les refleje sus errores. Que les diga si van por buen o mal camino. Y si han fallado, deben saber en qué y por qué fallaron. Necesitan un estándar, un patrón o modelo razonable que les explique a ellos las causas de por qué el camino que han tomado—en determinado momento—es el equivocado y por qué el otro camino es el correcto.

Verdaderamente los hijos no saben a dónde dirigirse. Seguramente no han tomado las mejores decisiones. Se han equivocado y se equivocarán todavía más en sus acciones. Ellos requieren saber cuáles son las instrucciones para evitar, en la medida de lo posible, nuevas infracciones a las leyes que rigen nuestro sistema.

Para esta parte, quiero utilizar como referente la relación que se dio entre Dios y el pueblo de Israel. Tal como si se tratara de una relación familiar de padre e hijo. Cuando Dios sacó a este pueblo de la esclavitud en la que se encontraba en Egipto, por el año 1445 a.C., el pueblo era como un niño. Pensaba como niño y se comportaba como tal. Se trataba de un pueblo inmaduro. Sin estructura. Sin identidad nacional. Sin organización. Sin leyes. Sin gobernantes. Sin rumbo fijo. Un pueblo sin las debidas instrucciones. Lo que precisamente les llevaba a depender de sus opresores y les obligaba a aceptar las condiciones que éstos les impusieran. Este pueblo tenía que recibir las leyes que les dieran identidad nacional y un espíritu de unidad. Debían saber cómo guiar a sus familias en un contexto de libertad. Habían sido, hasta ese momento, un pueblo de esclavos. Ahora, se trataba de un pueblo libre. En resumen, la gente necesitaba saber cómo debían vivir.

En ese momento, entre Dios y el pueblo de los hebreos surgía una relación similar a la de un padre con su hijo. Y el primer elemento que ahora tratamos, saltó a la vista: La instrucción. Antes de llevar a este pueblo a la tierra prometida, Dios les conduce al desierto, al monte Sinaí, donde les daría la ley. Las reglas del juego. Las instrucciones. Y de manera muy simple y concreta les dio sus leyes. Toda la ley condensada en diez ordenanzas ¡Sólo diez mandamientos! Las cosas eran simples y muy concretas. No había que interpretarlos ni descifrarlos.

Cuando Dios le dio al pueblo sus leyes, lo hizo de manera tan simple y clara que solo les dio diez indicaciones. Pero aparte, les ofrece la esencia de la ley en el principal y más grande mandamiento de todos. En este mandamiento resumiría toda la ley. En este mandato se reflejaría la manera en la que

Dios mismo esperaba la obediencia de su pueblo. El principal y más grande mandamiento de todos dice:

> Oye Israel, el Señor nuestro Dios, el Señor uno es. **Y amarás al Señor tu Dios con todo tu ser:** con todo tu corazón, con tus pensamientos y con todas tus fuerzas. Y estas palabras que yo te mando hoy, recíbelas primero con fe en tu corazón, **después podrás enseñarlas a tus hijos haciéndolas un estilo de vida, hablando de ellas en tu casa y cuando andes por el camino, cuando te acuestes y cuando te levantes.** (Paráfrasis de Deuteronomio 6:4-7)

Dios le dio indicaciones al pueblo como nación, tal como un padre a su hijo. Y en la misma ley les otorga "la estafeta" a los padres como líderes de sus propios hogares. Dentro de sus leyes también les dio la ordenanza de instruir a sus propios hijos. Con esta acción Dios mismo pone el ejemplo al darle las instrucciones al pueblo. De aquella escena ahora nosotros podemos sacar algunos elementos básicos para la realización adecuada de nuestra tarea como padres. De aquella interacción entre Dios y el pueblo de Israel se pueden extraer una serie de elementos que resultan indispensables para la adecuada transmisión de la instrucción.

UN CÓDIGO

No se puede vivir en este planeta sin leyes, sin las reglas que nos indiquen cómo debemos vivir. Estas reglas se desprenden de un código universal. Un estándar al que debemos ajustarnos. Un modelo a seguir. Un elemento que regule nuestras conductas. Por lo tanto, nuestra primera tarea como padres será identificar ese regulador de la conducta humana.

Descubra el código. Afortunadamente no tenemos que diseñar el código porque éste, ya existe. El código permea nuestro universo. Está contenido en nuestro sentido común. Cuando nos apegamos al código y vivimos bajo su cuidado resulta en un bálsamo a la razón. Actuar bajo su dirección nos proporciona seguridad y certeza. El código no cambia, siempre ha sido, es y será verdad porque está basado en los principios universales que gobiernan todo nuestro universo. Como lo describe Joan Jacobo Rousseau:

> "Lo que es bueno y conforme al orden, lo es por la naturaleza de las cosas e independientemente de las convenciones humanas. Toda justicia procede de Dios, él es su única fuente; pero si nosotros

supiéramos recibirla de tan alto, no tendríamos necesidad de gobierno ni de leyes". (El contrato Social) [12]

Todas las leyes existentes se desprenden de este código. Y nosotros, los padres de familia, como responsables de ésta, debemos diseñar las reglas de nuestra casa tomando como fundamento el código. Esto hará que nuestras reglas tengan sentido.

Las evidencias más claras de la existencia universal del código que refiero, se pueden descubrir en aquel sentimiento que nos embarga cuando los hijos nos responden de manera grosera. Esto sucede porque el código se rompe.

El código es una ley escrita en nuestra mente, son axiomas que guían a la persona al sentido común en lo que refiere al trato interpersonal. El código cubre toda clase de interacción humana. Por ejemplo, el código dice que a los padres no se les levanta la mano y que jamás se les maldice. Que a los hermanos se les ama porque son nuestra propia sangre. El código dice que debemos hablar con la verdad y que si mentimos, no prosperaremos. Que no debemos robar. El código enseña que debemos ayudar al que lo necesita y que no podemos permanecer inmunes al dolor ajeno. El código dice que existen prioridades para la administración adecuada de nuestro tiempo. Que si no tomamos un tiempo para descansar perderemos calidad de vida. etc.

El código es universal y nos ofrece indicaciones tanto a los padres como a los hijos. El código dicta que nos debemos sujetar a los gobernantes, y que no es posible vivir en un sistema social sin la sujeción irrestricta a las autoridades. Un ejemplo de esto: los hijos se someten a los padres, los padres al gobierno, el gobierno a la ley, y la ley a Dios. Dios dice al gobierno que guarde las leyes, a los padres nos dice que paguemos los impuestos y a los hijos que honren a sus padres. Observe la cadena, porque todos estamos bajo autoridad. Tal y como lo expone el mismo Rousseau:

"El hombre ha nacido libre, y sin embargo, vive en todas partes entre cadenas".[13]

Es tarea de los padres establecer las reglas del juego en una familia, y vigilar que en efecto, estas reglas se desprendan de las leyes universales. Los padres debemos ofrecer un estándar de conducta que ayude a

12 Joan Jacques Rousseau. El contrato social. (México: Editorial Porrúa, 2010.) pág. 25

13 Ibíd., Pág. 3

nuestros hijos a diferenciar lo bueno de lo malo. Que les indique el mejor camino que puedan tomar. Que regule su proceder ante la vida. Por otra parte, nuestra función como padres es ayudarles a acatar las reglas que establecimos y corregir su conducta de acuerdo a ese código.

Finalmente le diré que el mayor éxito de los padres en la formación de sus hijos, es lograr despertar en ellos un fuerte amor al código.

La administración de la presidencia de la república que termina justo este año (2012), encabezada por el presidente Felipe Calderón, pasará a la historia y será recordada por las demás generaciones como el sexenio de la guerra contra la delincuencia en México.

El dolor de la tragedia y la muerte corrió por estos seis años. El temor de los habitantes se incrementó por la angustia constante de encontrarse de pronto atrapados en medio de un fuego cruzado. Las continuas balaceras y *narcobloqueos* que se dieron en las ciudades más importantes de México, hallazgos macabros de camionetas llenas de cuerpos, asesinatos y secuestros, personas decapitadas y exhibidas en lugares públicos, etc., cubrieron nuestras calles. Quienes hemos vivido tales experiencias nos preguntamos: ¿Qué es lo que se ha perdido en nuestro país?

Algunos culpan al gobierno. Otros, al ejército, y otros más, a la delincuencia organizada de grupos armados como los narcos o los Zetas. Mi opinión es que todo esto comenzó en los hogares. Justamente en aquellos padres que no supieron o no quisieron inculcar en sus hijos un temor hacia algo... ¡A lo que sea! Estos individuos que se atreven a disparar sus armas en contra de la población, que secuestran y asesinan a personas, que siembran y comercializan la mariguana, que tienen laboratorios en los que se procesan las drogas sintéticas, que amenazan y roban a los trabajadores que luchan por sostener a sus familias, etc., un día fueron niños sin este nivel de malicia. Formaban parte de una familia en la que muy probablemente no se les inculcó el amor a Dios y el temor a romper sus leyes. El único temor que manifiestan estos individuos con sus conductas, es a quedarse sin dinero y sin el poder que éste les ofrece. Pero ¿qué habría sucedido si estas personas hubieran sido formadas en el temor de Dios? ¿Cuál sería nuestra historia en México y en el mundo entero, si los padres de estos delincuentes hubieran sembrado en sus hijos amor a Dios y respeto a sus leyes? Seguramente las cosas serían diferentes. Aclaro que lo anterior descubre sólo la responsabilidad de los padres, no su culpabilidad.

UN OBJETiVO

Los padres esperaríamos que bastara con la existencia y aplicación de las reglas para que los hijos quieran obedecernos, pero no resulta así. Es fundamental que logremos que nuestros hijos acepten y amen el código, porque lo que buscamos es su voluntad. Y para que ellos amen y acepten el código será fundamental que nosotros comprendamos el objetivo que perseguimos en la aplicación de las reglas. Si nosotros como padres no comprendemos los objetivos que se persiguen al dar las indicaciones, no lograremos transmitir a nuestros hijos el convencimiento necesario para que ellos, de su propia voluntad, quieran seguir nuestras instrucciones.

En mi práctica profesional he atestiguado la necesidad de perseguir cinco objetivos básicos con relación a la educación y formación de los hijos, que son: obediencia, respeto, servicio, horarios y convivencia ¡No parece difícil! **Estos objetivos, en un hogar se deben expresar en reglas claras**. Estos cinco objetivos jamás deben desaparecer en un hogar, a pesar de la edad de nuestros hijos pero deben ajustarse a la etapa de vida de ellos. Los padres debemos lograr hacer cumplir los cinco objetivos antes mencionados **en cada una de las cuatro etapas** de su vida en casa:

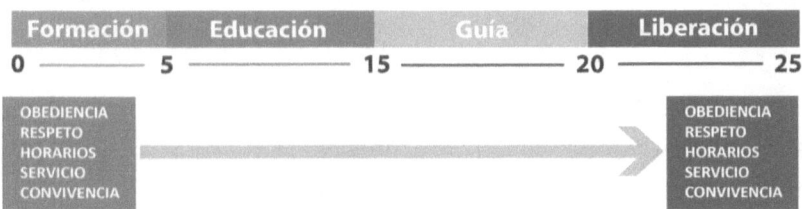

Desde la **formación** hasta la **liberación** los hijos deben: **obedecer** y **respetar** a los padres, **servir** en el hogar, sujetarse a un **horario** y **convivir** como parte activa de la familia.

REGLAS SiMPLES

Regresando a la relación entre Dios y el pueblo hebreo, las leyes que él les dictó eran tan simples que no había lugar a dudas de lo que Dios quería de ellos. Sólo por recordar algunas leyes que Dios les dio: No matarás, no dirás falso testimonio, no adulterarás, guarda el día de reposo, etc., son leyes que no requieren interpretación. **Leyes focalizadas hacia objetivos claros, expresadas en reglas simples**.

De igual manera, estos cinco objetivos deberán ser expresados en reglas claras en casa y además, deberán ser adaptadas de acuerdo a las exigencias de cada etapa. Como ejemplo de la simpleza y adaptación de las reglas pensemos en un niño de 4 años de edad. Recordemos que se encuentra en **la etapa de la formación**. Las reglas podrían quedar de la siguiente manera:

	Objetivo	Regla
1.	Obediencia	Obedecer a la primera.
2.	Respeto:	No dar manotazos a los papás.
3.	Horarios:	Horario de acortarse, levantarse, comer, cenar, etc.
4.	Servicio:	Llevar su plato al fregador.
5.	Convivencia:	Una hora de convivencia familiar.

El ajuste inicia con el cambio de etapa. La razón de esto es que las circunstancias han cambiado. Comparemos las reglas que se pueden utilizar, en un jovencito de algunos 13 años. Que ya está en **la etapa de educación**. Note que son los mismos objetivos pero las reglas se han ajustado:

	Objetivo	Regla
1.	Obediencia	Obedecer sin renegar.
2.	Respeto:	No poner apodos a los hermanos
3.	Horarios:	Horario de salidas a la calle, de hacer tareas, etc.
4.	Servicio:	Tu tarea será sacar la basura cada tercer día.
5.	Convivencia:	Los sábados desde las 3 p.m. es horario familiar

Las reglas deben cambiar simplemente porque estamos tratando con un jovencito adolescente que ya comienza a renegar. Previendo esto, ajustamos la regla de la obediencia y añadimos que lo haga **sin** renegar. El respeto en esta etapa incluye a sus hermanos, porque los niños, durante este tiempo, pelean de manera continua. En el servicio, se les asigna una responsabilidad mayor y cotidiana. Y en la convivencia, se prevé que ellos quieran salir con sus amigos, lo que nos lleva a negociar y repartir la distribución del tiempo libre entre la familia y los amigos. En esta etapa se añaden conceptos nuevos que implican nuevas responsabilidades. La calle, las tareas, los amigos, etc., deben ser considerados en la elaboración de las reglas para esta etapa.

Comparemos los ajustes que se hacen en las reglas (no en los objetivos) en una familia donde ya estamos hablando de un joven de 18 años. Bien se puede observar que se encuentra en **la etapa de guía**.

	Objetivo	**Regla**
1.	Obediencia	Atender a las tareas asignadas por los padres.
2.	Respeto:	Atender las recomendaciones de los padres.
3.	Horarios:	Horario de llegada de las fiestas, tareas, novia, etc.
4.	Servicio:	Horario de servicio o tarea asignada.
5.	Convivencia:	Tiempo familiar sábado y domingo de 2-6 p.m.

Los objetivos de obediencia y respeto poco a poco se van fusionando en uno. Parece que en la medida en la que pasa el tiempo estos objetivos se van mezclando cada vez más, de tal forma que, cuando los hijos no obedecen, en automático faltan al respeto. Por lo mismo, se exige a los hijos atender a las peticiones de los padres en estas dos reglas. Respecto a los horarios, se añaden nuevos elementos que deben ser regulados, como son: el tiempo con la novia y los amigos y el cumplimiento de sus nuevas responsabilidades universitarias. Las tareas de servicio en casa se pueden aplicar de dos maneras: Por tiempo de servicio (limpieza en casa de 4-5 p.m.) o por tarea asignada. "Tu tarea es mantener limpio el jardín". La convivencia familiar se va reduciendo a menos eventos, como se ve en el ejemplo, a los horarios de comida en fin de semana. Esto resulta así porque a estas alturas los hijos desean pasar más tiempo con la novia y amigos que con los padres, lo cual es necesario y deseable. Además, porque para entonces ya manejan dos responsabilidades diferentes: la universidad y la familia. Ajustar sus tiempos no será tarea fácil para ellos.

Otro elemento fundamental bajo esta etapa, es comprender la tarea básica de nosotros los padres en ese tiempo. Si nuestros hijos están en la etapa de la guía, entonces los padres nos encontramos en la etapa de consejeros. Las mejores recomendaciones vienen de los padres. Por esto es muy importante que se guarde el respeto en el hogar—como en todas las etapas—pero en particular en esta. De otro modo, no se lograrán ambos objetivos.

Por último, mire los ajustes que se pueden hacer en un núcleo familiar con hijos en **la etapa de liberación**. Con jóvenes de algunos 25 años de edad.

	Objetivo	Regla
1.	Obediencia	Cumplir con las nuevas indicaciones.
2.	Respeto:	Respetar las indicaciones de los padres.
3.	Horarios:	Horario de entrada y salida de casa, trabajo, etc.
4.	Servicio:	Si trabaja: aporta dinero. Si estudia: sirve en casa.
5.	Convivencia:	Tiempo familiar de acuerdo a las agendas.

Hay dos ajustes importantes en esta última etapa: uno con respecto a los horarios y el otro en el servicio. Ya estamos hablando de jóvenes en edad productiva laboral, lo que implica la adquisición de recursos. Es el poder económico lo que mete mucho ruido a la relación familiar durante esta etapa. Los hijos ya trabajan, están a punto de terminar o ya terminaron su carrera profesional y ya están activos laboralmente. Esta nueva circunstancia hace que los hijos ya no quieran someterse a las disposiciones de los padres en casa, principalmente lo que concierne a los horarios.

Pensemos en la nueva circunstancia. Ellos ya trabajan, lo que les lleva al manejo de por lo menos dos agendas: escolar y laboral. Seguramente lo que menos quieren es añadir una agenda más que resulta ser la agenda familiar. A pesar de que las cosas sean cada vez más complejas en casa, los padres debemos requerir de ellos el cabal cumplimiento y respeto a las disposiciones paternas, para garantizar el buen funcionamiento en el hogar.

Respecto a los horarios, los padres requerimos de mucha comprensión a las agendas que el hijo, en edad laboral maneja. El hijo requiere comprender que aún no es autosuficiente.

DiSCiPLiNA

Es verdad que ninguna disciplina al presente parece ser causa de gozo, sino de tristeza. Pero al final, da fruto apacible a los que en ella son ejercitados.
(Hebreos 12:11)

La incongruencia de los padres en la aplicación de la disciplina, genera una buena cantidad de confusión en un hogar. Cuando la disciplina no es aplicada de manera constante o cuando es aplicada de manera diferente por cada uno de los padres produce más enojo que cambio en sus hijos. Si la disciplina en un hogar no se aplica bajo un sano equilibrio dañamos a nuestros hijos. Si los padres somos demasiado rígidos: malo. Si somos demasiado flexibles: peor. Si somos inconstantes: pésimo. Si somos extremadamente escrupulosos, es igualmente malo. Si no aplicamos la disciplina adecuada—acorde a la edad del hijo—lo dañamos. En fin, son muchas las consideraciones a la hora de aplicar la disciplina en casa. Tomemos, entonces, un espacio para analizar algunos aspectos importantes sobre la adecuada aplicación de la disciplina.

LA EDAD

Tomemos el mismo esquema antes expuesto, aquel de las cuatro etapas de nuestros hijos en casa: formación, educación, guía y liberación. Por sentido común no aplicaremos la misma disciplina en un hijo de cinco años (que se encuentra en la etapa de formación) que en un hijo de 16 años (que atraviesa la etapa de guía). Igualmente, los medios para disciplinar deben variar si se trata de un adolescente (que está en la etapa de educación) o de un joven (en la etapa de liberación). Los padres, por ningún motivo debemos olvidar el objetivo que se persigue en cada una de las etapas. Y en el momento de ejercer la disciplina, adaptarla de acuerdo a la edad del muchacho. Se comete un error grave cuando no consideramos la aplicación de la disciplina de acuerdo a la edad del hijo, como podría verse en el caso del padre de familia que tratando de disciplinar a su adolescente a nalgadas lo único que logra es encender su ira. En el otro extremo está el papá que trata de razonar con su hijo de dos años.

Los padres que optan por razonar con un menor de tres años abanderan su propia teoría: "Los niños comprenden con palabras." ¡Eso es lo que ellos creen! Imagine al padre que piensa así explicando a su hijo por qué no debe tirar manotazos, tratando de razonar con el niño—que apenas logra mantener la atención. Seguramente, a media explicación, su hijo le volverá a dar otro manotazo en la cara y él gemirá en desaprobación: "Hijo, golpear a los padres en la cara es malo, debes respetar a tus padr ..." ¡zaz!. Su hijo le tirará el tercer manotazo.

¿Qué pasa en semejante circunstancia? El padre de familia no está considerando que el razonamiento de su hijo responde a su edad. Y un niño de dos años no razona lo que el padre trata de explicarle. Un niño menor de 5 años responde más a *causa-efecto* (nalgada).

En el otro extremo está el primer caso, en el que el padre de familia trata de aplicar *causa-efecto* (nalgada) a un adolescente inteligente, que cuestiona las razones que tiene su padre para disciplinarlo. Claro que el padre, en su frustración, puede llagar al extremo de tirarle algunos golpes donde cayeran, rompiendo algo más que la cara de su hijo.

EL MÉTODO

El tipo de disciplina que se aplica en un hogar, es decisión exclusiva de los padres de familia, no del psicólogo o del líder religioso, o de los abuelos o vecinos, de los amigos o de los autores de los libros. Partiendo de esta premisa, es indispensable el acuerdo de ambos padres en la aplicación de cualquier método. Si ambos padres no aplican el mismo método ante las mismas circunstancias, generan confusión en los hijos y crean alianzas que dañan el sistema familiar. Quisiera mencionar las maneras que resultan más típicas en la que los padres disciplinan a sus hijos y añadir algunas sugerencias para hacer más funcional el método empleado. Se puede resumir las maneras de disciplinar a los hijos en tres formas:

    A.   Corporal. Refiere a las tradicionales nalgadas.

B. Aumento de responsabilidades en el hogar.

C. Disminución de privilegios.

Cuando los padres han decidido implementar la **disciplina corporal**, hay una serie de recomendaciones que deben considerar:

1. **La edad del niño**. Durante la etapa de la formación de hábitos, la aplicación de la disciplina corporal puede resultar muy efectiva si se aplica guardando todas las recomendaciones aquí expuestas. Claro que estamos hablando de niños de entre 1-5 años. Esto no significa que la edad lo determina, es la capacidad de razonar del niño, la que nos permite aplicar otras maneras de disciplina.

2. **No violente a su hijo**. La violencia que algunos padres aplican a sus hijos bajo el pretexto de que los están disciplinando debería ser penada por las autoridades. La gran mayoría de los padres que fueron golpeados, (no disciplinados) por sus propios padres, tienen una fuerte inclinación a actuar de la misma manera que tanto odiaron. Y terminan violentando a sus propios hijos.

3. **Jamás frustrado**. La disciplina es un acto de amor no de venganza. Cuando los padres están frustrados, arremeten contra el menor violentándolo. Desquitando su furia. Lo único que logran es herir, de manera permanente a sus hijos. Porque las heridas quedarán en el alma de su hijo como un sello gravado en su memoria.

4. **No tire manotazos**. Porque actos así solo son manifestación de padres frustrados. Los tirones de cabello, bofetadas, golpes con el puño, tirarle la chancla, los pellizcos, coscorrones, apretones en el brazo, puñetazos en la espalda, empujones, etc., **son definitivamente manifestaciones de violencia en el hogar, no actos de disciplina**. Notará que esta lista de actos violentos, siempre van acompañados de maldiciones y expresiones de ira. Los padres que han cometido este grave error deberían ver la expresión de su rostro y escuchar las palabras que emplearon cuando lo aplicaron. Hieren a sus hijos en el cuerpo y en el alma ¡Jamás se le va a olvidar a su hijo! Mejor aplique tres nalgadas, precisamente en las nalgas (no diez, ni quince o las que satisfagan su ira o hasta que usted se canse), que así no sufrirá daños psicológicos.

5. **Un lugar específico**. Jamás exponga o avergüence al niño en público, si ha de aplicar algunas nalgadas a su hijo, busque un lugar privado.

Llegué a aplicar la disciplina corporal a mis cinco hijos durante su etapa de formación. Habiendo dado la debida instrucción y bajo la edad adecuada y funcionó. Añadí en aquellos años una manera que compartí a muchos padres que llamé "tablazo y abrazo." Eso de tablazo puede sonar muy fuerte, pero simplemente se trataba de una varita con la que aplicaba tres nalgadas y posteriormente abrazaba al niño. Esto me permitía regular dos cosas: primero, saber si el niño había entendido la razón de la disciplina. Cuando mi hijo no había comprendido que la razón básica de la disciplina era el amor, no recibía de buen agrado el abrazo. Este era un momento adecuado para añadir instrucción al evento. Segundo, abrazar al niño, posterior a un acto de disciplina corporal, me ayudaba a mí como padre, a comprender si no había desquitado mi frustración. Si yo mismo no abrazaba con libertad a mi hijo, significaba que había desquitado mi frustración. Ese era el momento en el que yo mismo me corregía como padre.

Cuando los padres han decidido implementar el segundo criterio de disciplina que es el **aumento de responsabilidades en casa**, las sugerencias por considerar son:

1. **La edad del niño**. Este método y el próximo resultan muy efectivos a partir de la etapa de la educación (6 años en adelante).

2. **Haga cumplir la tarea**. Sé que los padres —especialmente la mamá— les da flojera hacer valer este límite. La razón de esto es que ellas trabajan doble. Hacen que el niño haga el quehacer y luego ellas mismas lo tienen que volver a hacer ¡Créame que lo vale! Mejor cumpla al niño lo que ya le dijo que sería su consecuencia. De otro modo, el aumento de responsabilidad se convertirá en un cartucho quemado.

3. **Sea justo**. No aproveche y cargue todo el quehacer de la casa a su hijo, Si hace esto, el niño sentirá la disciplina como un acto de venganza de parte suya, o un abuso de su autoridad paterna.

Cuando los padres deciden **retirar los privilegios** a sus hijos, las recomendaciones sugeridas son las siguientes:

1. **Sea realista**. No exagere. Diga siempre lo que verdaderamente le cumplirá. "Jamás volverás a salir de casa" o "Nunca más volverás a ir a una fiesta" no son castigos reales y no los podrá cumplir.

2. **No traicione a su esposo(a)**. No levante el castigo de manera unilateral queriendo hacer una alianza con su hijo. Ni por misericordia o por culpa. Ambos respalden la decisión uno del otro.

3. **No se castigue usted mismo**. Al retirar los privilegios de su hijo, cuide que a su vez no quite sus propios privilegios. Mandar a su hijo a la cama sin cenar es más castigo para los padres que para los hijos. Usted no podrá dormir y además dañará la salud de su hijo. "No salimos todos el fin de semana" puede sonar un castigo ejemplar, pero seguramente frustrará a su esposa y al resto de la familia que sin deberla ni temerla, resultaron castigados.

Una nota a pie de página: si desea un castigo ejemplar ante un acto de indisciplina de su hijo, puede sumar, para el mimo acto, ambos criterios, aumentando responsabilidades y disminuyendo los privilegios.

CONSECUENCIAS FOCALIZADAS Y PROPORCIONALES

Las consecuencias que se aplican a los hijos por la ruptura de las reglas puestas por los padres en el hogar siempre deben ser: **focalizadas** en la infracción y **proporcionales** al daño. Sea razonable en la aplicación de las consecuencias. *Jamás logrará matar a un rinoceronte con un matamoscas y nunca intente matar a una mosca con un cañón*. Sea lógico en la aplicación de las consecuencias.

Consecuencias focalizadas en la infracción son, por ejemplo, que si el jovencito no hizo su tarea por estar jugando con su X-BOX® observe que la infracción se concentra en **el tiempo** que él empleó en jugar. Entonces, castigue **el tiempo** de juego en su X-BOX®. Si el joven **salió** a una fiesta y no llegó a la hora pactada focalice la consecuencia a **la siguiente salida** que podría quedar restringida con menos horas o que **no salga** el siguiente fin de semana. Si después de la comida puso a su hijo a **lavar** los platos y no lo hizo, el siguiente día **lava** los platos del desayuno y la comida. Observe que la consecuencia está directamente relacionada a la infracción.

Por otro lado, la consecuencia debe ser proporcional al daño, quiero decir, acorde al mal acto. El segundo error al momento de aplicar la disciplina está en las **consecuencias desproporcionadas**. No castiga el X-BOX® **toda** la semana por que el jovencito no hizo **un día** su tarea. La falta, en este caso es pequeña comparada con la consecuencia. Y aparte de ser una consecuencia desproporcionada usted quedará sin elementos de dónde tomarse para el resto de la semana. Considere esto: si su hijo pierde la mayor motivación para portase mejor, ya no le importará nada. Y lo peor será que le hará a usted la vida imposible por el resto de la semana, o por le menos, hasta que consiga nuevamente su X-BOX®.

A este respecto, algunos padres no aplican una disciplina focalizada hacia la infracción. Por ejemplo, el hijo **no lavó los platos** y lo castigan con la **salida de fin de semana**. ¡Mire cómo sale de foco la consecuencia! Esto provocará seguramente el enojo del hijo porque él traduce la acción del padre de manera correcta cuando piensa que no quería darle la salida y buscó cualquier pretexto para quitarle este privilegio. Por su lado el padre de familia que no enfrenta la realidad, albergando gran cantidad de temor por la sola idea de que su hijo salga con sus amigos, nublará su capacidad de razonar y de proporcionarle espacios que faciliten el proceso de independencia de su hijo.

Ante la aplicación de las consecuencias los padres podemos oscilar entre dos extremos: podemos maximizar el castigo, como el caso anterior o podemos minimizarlo como en el siguiente caso:

El padre le negó un permiso a su hijo para salir de **viaje** a Puerto Vallarta de fin de semana con sus amigos a la inauguración de un antro, "simplemente" porque el muchacho tenía 16 años de edad, y quería viajar a la playa con un grupo de jóvenes menores o iguales a él.

Para que podamos focalizar y dimensionar en este caso real, sume la serie de faltas que el adolescente cometió: **Escapó de casa** a media noche **sin el permiso** del padre. **Se fugó con el auto** del papá, evidentemente sin la autorización. **Se emborrachó**. Esto le llevó a tener un **accidente** –afortunadamente sin consecuencias fatales-. Lo detuvo un federal por **exceso de velocidad** –puede imaginar lo que sucedió- el jovencito y sus amigos **sobornaron** al policía. Finalmente llegó a casa en la mañana, borracho y con el auto chocado. Su plan era escapar en cuanto todos durmieran, asistir a la inauguración y estar de regreso a las seis de la mañana, antes de que todos en casa entraran en actividad, para que sus padres no notaran su ausencia.

Pensemos: ¿Qué castigo puede recibir el hijo por semejante conducta? Pues el castigo se limitó a un largo y enérgico *sermón* y su consecuencia fue no salir el viernes siguiente al antro. ¿Fue suficiente? Juzgue usted. Las consecuencias deben ser lógicas y **proporcionales** al daño que los hijos hacen. Evidentemente, en este caso, no existe proporción alguna entre el daño y la consecuencia.

Quiero explicar una posibilidad de lo que sería, para el caso anterior, la aplicación focalizada y proporcional de las consecuencias. Dimensionemos los daños. Observará que las infracciones del hijo fueron dirigidas hacia tres ejes principales: *el permiso, el auto y no considerar los riesgos*. Y el daño, en una escala de leve, moderado y grave, bien puede considerarse como *grave*. Ya que el acto trajo consecuencias fuertes, pero pudieron ser peores. Por lo mismo, las consecuencias podrían ser:

Primero: Los permisos deben recibir el primer golpe de las consecuencias. Ya que el daño es grave, para este caso, las salidas se restringen hasta poder observar un adecuado arrepentimiento en el hijo. Por los altos riesgos que él no consideró, se pueden restringir las salidas de dos maneras: las salidas podrían ser suspendidas por un determinado tiempo, digamos algunos tres meses o se limitan los permisos por el resto del año a una salida al mes, si lo anterior nos da un margen mínimo de seis meses.

La siguiente consecuencia respecto al primer elemento de los permisos, será que cuando se retoman las salidas, se limitan mucho con el tiempo de llegada. Quiero decir que después de los tres meses de suspender sus salidas o después de los seis meses con salidas de una vez al mes, el hijo podrá comenzar a salir con un horario mucho más restringido que lo habitual. Si la llegada del muchacho, antes de la infracción, era a la una de la mañana, ahora su salida se limita a regresar a las once de la noche. Y dependiendo de su obediencia, se podría aumentar el horario de llegada hasta la hora que los padres establezcan.

Segundo: El jovencito tenía una camioneta con la que se trasportaba a la escuela. Si el segundo daño fue tomar sin permiso *el vehículo*, se le puede quitar el trasporte al hijo por el resto del semestre y que se trasporte en camión. Esto confrontará al muchacho con la responsabilidad que adquiere cuando mueve un vehículo.

Es importante decir que, este límite podría significar un serio sacrificio para los padres en muchos sentidos. Por ejemplo, mandar al hijo en camión, podría traer temor a los padres por los riesgos que esto conlleva. O posiblemente, los mismos padres tendrían que hacer algún ajuste a su horario de salida para llevarlo a tomar el camión. Para algunos otros padres, pensar que su hijo llega a la escuela en camión, podría significarles un golpe a su estatus social. Como quiera que sea, la aplicación correcta de las consecuencias lógicas será un esfuerzo conjunto para el sistema familiar completo.

Tercero: Este muchacho junto con sus amigos, sobornaron a un oficial. Este ya es un asunto moral que requiere de la sabia intervención de los padres sobre el significado de este acto de corrupción. Esta línea alude más a la *instrucción* que a la disciplina.

Con todo el trabajo y esfuerzo que la aplicación de las consecuencias pueda traer a la familia, créame, será mejor que aplique a tiempo la consecuencia focalizada y proporcional al daño, para que los hijos logren dimensionar los alcances que sus actos llegan a provocar, porque quizá "mañana" será demasiado tarde. Dos términos para no olvidar jamás ante los actos negativos de nuestros hijos y la debida aplicación de consecuencias lógicas son: **focalizar** y **dimensionar**.

Una nota final. La constancia de la aplicación focalizada y dimensionada se convertirá en el ingrediente indispensable para que los hijos admitan, de buena manera, la aplicación de la disciplina.

EJEMPLO

> Y estas palabras que yo te mando
> hoy; **estarán sobre tu corazón**...
> (Deuteronomio 6:7)

El proceso educativo en un hogar involucra al tutor, de tal manera, que no tendrá éxito alguno si no se mete al proceso en cuerpo y alma. Y esto no es una metáfora. No se puede educar a un hijo sin involucrarse por completo en el proceso. Por lo mismo, en este punto se hace necesario hablar del modelaje de los padres. Nadie puede dar lo que no tiene ni demandar de lo que carece. Verdaderamente enseñamos más a los hijos con el ejemplo que con las palabras. Lo que les decimos lo olvidan, pero lo que hacemos les obliga. La premisa inicial es: los padres debemos hacer de la instrucción un estilo de vida. La esencia de la educación en un hogar, es transmitir los propios valores y la única forma de lograrlo será por medio del modelaje de los padres. Por medio de la vida cotidiana. Por medio del ejemplo.

El enemigo a vencer, entonces, al igual que el Caballo de Troya, está infiltrado dentro de nosotros mismos y se llama *incongruencia*. La gran mayoría de los conflictos durante la adolescencia se generan porque esta es la etapa en la que los hijos cuestionan. Su capacidad racional se desarrolla y ya no tienen temor de exigir razones válidas para la aplicación de la disciplina. Y las frases que algunos padres dicen, cargadas de frustración en respuesta a su hijo tales como: "porque yo lo digo", "porque soy tu padre (o tu madre)", "porque yo mando en esta casa", "porque se me da la gana", "porque yo te mantengo", "porque quiero" etc., solo generan la frustración y el enojo de los hijos hacia sus padres. El juego no terminará porque se complementa con la respuesta típica de los hijos: **desobediencia por enojo**. Observe que las frases anteriores son expresadas por padres frustrados por la desobediencia de sus hijos y éstos (los hijos), a su vez, no se verán motivados a obedecer por el enojo que las mismas expresiones les provocan. Es así como, padres e hijos se someten a una secuencia. A una interminable danza familiar.

Analice la secuencia: Los hijos desobedecen a los padres. Naturalmente éstos se enojan y se frustran. En respuesta emiten frases como las anteriores. Comentarios así, frustran a los hijos y les provocan enojo. Molestos, desobedecen mucho más por enojo. Al mismo tiempo, su desobediencia enoja a sus padres que, frustrados, repiten nuevamente las odiosas frases. Así el juego no termina. El resultado final es: **hijos enojados y desobedientes**. Y, **padres enojados y frustrados**.

UNA MORAL CONSiSTENTE

La secuencia antes descrita sólo nos habla de la **figura** que toma la relación familiar entre los padres y sus hijos. Pero si hablamos del **fondo** del proceso educativo, seguro añadiremos, a la secuencia anterior, un elemento que complica mucho más la de por sí dañada relación entre los padres y sus hijos: *la calidad moral de los padres*.

Quiero tratar este punto en particular con sumo respeto hacia quienes somos padres. Pero se hace indispensable tocar este tema porque éste, es el fondo de la relación entre padres e hijos. **Los padres, deben ser personas con la suficiente autoridad moral que merezcan la atención y obediencia de sus hijos**. Sé que es justo, que sólo por el hecho de ser padres los hijos nos deben obediencia. Yo lo entiendo y comparto su punto de vista, pero su adolescente no. Y es él quién le está juzgando a usted.

Cuando no se logran los acuerdos en un hogar y por el contrario, las discusiones se vuelven más frecuentes e intensas, debemos considerar la posibilidad de que los padres estemos ofreciendo a nuestros hijos, una moral inconsistente e incongruente. Una base porosa y quebradiza sobre la que pretendemos edificar la obediencia de nuestros hijos. Una doble moral. Cuando los padres no creemos en las reglas a las que pretendemos someter a nuestros hijos, generamos este tipo de ambiente en el hogar. Cuando los padres no vivimos los valores que pretendemos que nuestros hijos vivan, no lograremos que ellos los acepten y mucho menos que los vivan.

Lo mismo sucederá con los valores trascendentes. Nuestros hijos, en la adolescencia, ya logran captar nuestra incongruencia y la ponen en evidencia. La cuestionan. La critican. La juzgan y la condenan. Y hablo del caso de un adolescente normal. No se diga si se trata de un adolescente con Negativismo Desafiante. Este joven, bajo estas circunstancias, se armará en campaña en contra de la "injusticia" de sus padres, que derivará en una guerra sin cuartel.

VALORES TRASCENDENTES

Como decía al principio, la labor de los padres en el hogar es transmitir valores a sus propios hijos. Pero si hablamos del tipo de valores que lo padres trasmitimos a nuestros hijos, los valores trascendentes adquieren un lugar preponderante. Porque los valores trascendentes son mucho más profundos que los valores cotidianos con los que estamos lidiando en la educación. Los valores típicos que se relacionan con la educación, sólo por citar algunos son: el respeto, la obediencia, el agradecimiento, la fidelidad, etc. Estos valores son muy importantes para el adecuado manejo de las formas en la que ellos deben conducirse. Pero si vamos al fondo, a las razones internas, al corazón mismo de las conductas, al centro de las motivaciones, ya estaremos hablando de los valores trascendentes. Sólo esta clase de valores logrará modificar algo del fondo de la estructura.

Permítame explicarlo y para no salirnos del tema, en la misma relación padre e hijo. El hijo respeta (valor cotidiano) a su padre, por lo mismo le obedece. La razón fundamental que el hijo maneja es: yo lo respeto porque si no, cargo con la consecuencia que puede ser algún castigo. Lo que motiva este respeto que se refleja en la consecuente obediencia, *es el temor al castigo*. Cosa que está bien para un pequeño de algunos cinco años de edad. Pero si hablamos de un joven de veinte años, que ya no tiene temor al castigo, lo único que lo podría mover a la obediencia es un valor trascendente. **El hijo respeta a su padre porque le honra o porque lo ama y en consecuencia le obedece**. Observe que el valor cotidiano puede ser motivado por un valor trascendente, de ahí que reciba este nombre.

La razón fundamental de comprender los valores trascendentes y lograr operar en ellos, está en que, si sabemos cómo trasmitirlos de manera adecuada entraremos a la mayor zona de influencia formativa de nuestros hijos. No nos conformemos con el control de sus conductas, vayamos al fondo de las razones que mueven a una persona a actuar. Vayamos a los valores trascendentes, entremos al mismo corazón de nuestros hijos e influyamos en este campo que consideramos la mayor zona de influencia.

Si pretende transmitir valores trascendentes como la fe, la esperanza, la honra y el amor, la moral consistente será una prioridad. Sé que me estoy metiendo en un campo minado con el siguiente tema, así es que, espero moverme con cautela. Con todo respeto a la creencia que usted profesa, hablemos del terreno de la fe. Hablemos de la vida espiritual. Hablemos de la relación entre Dios y el hombre.

En cierta ocasión, un escriba, que era de aquellos hombres de los hebreos que se dedicaban a trascribir los libros de la Biblia y a quien su trabajo le hacía un conocedor de la ley, le preguntó al Señor Jesús sobre el principal y más grande mandamiento de todos. En respuesta a la pregunta del escriba, el Maestro citó textualmente la oración más importante del pueblo judío. El *Shemá hebreo*[14].

> El principal y más grande mandamiento de todos es: Oye Israel, el Señor nuestro Dios, el Señor uno es. Y amarás al Señor tu Dios con todo tu corazón, con toda tu mente y con todas tus fuerzas. (Marcos 12:14)

La cita que el Señor Jesús hizo, es la misma de Deuteronomio 6:4-5. Si puede leer aquel relato bíblico, notará que en él se añade al principal y más grande mandamiento de todos, la tarea fundamental de los padres hacia sus hijos: *la instrucción.* Es decir que en el momento en el que se le revela al pueblo de Israel el principal y más grande mandamiento de todos, se le asigna también a los padres la tarea más importante que tenemos sobre nuestros hijos. Esto nos habla de la importancia que Dios le da a la tarea de los padres en un hogar. Igualmente, en esta referencia nos ofrece el procedimiento a seguir para lograr el éxito en nuestra tarea como padres. Permítame explicarlo más en detalle.

Observe el comparativo que el *Shemá* (la oración de Israel) hace entre la composición de Dios y la estructura del hombre. Pongamos por un momento a Dios y al hombre, uno al lado del otro. La verdad revelada dice: *Oye Israel, el Señor nuestro Dios, el Señor uno es.* Es decir, que Dios es un ser simple. De una sola pieza. Un ser congruente desde su estructura.

---

14 Shema: disponible en http://es.wikipedia.org/wiki/Shem%C3%A1_Israel

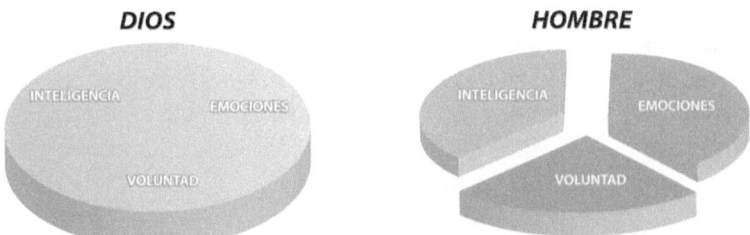

DIOS   **HOMBRE**

Compare ahora la estructural del ser humano quien, en contraste a la armonía de Dios, resulta un ser "compuesto", armado de partes que le llevan a la incongruencia.

Dios no tiene conflicto entre lo que Él piensa, siente y hace. A diferencia de nosotros los seres humanos, quienes pensamos una cosa, sentimos otra y terminamos haciendo lo opuesto. Con mucha frecuencia la mente nos lleva en una dirección, el corazón nos impulsa hacia el lado opuesto y nuestras conductas terminan por reflejar nuestra incongruencia.

La incongruencia es inherente a la estructura humana. La gran pregunta que los padres nos planteamos es: ¿Cómo enseñar a vivir a los hijos de manera congruente cuando la tendencia humana es hacia la incongruencia? La respuesta está en el mismo mandamiento: *"Amarás al Señor tu Dios con todo tu corazón, con toda tu mente y con todas tus fuerzas".* Lo que significa que, la congruencia en el ser humano se hace posible si dirige cada una de sus facultades que le componen hacia el amor a ese Ser simple.

Traduciendo esto hacia el tema que nos ocupa, diríamos que los padres lograremos enseñar a nuestros hijos a vivir de manera congruente, si nosotros mismos nos concentramos en aprender a amar a Dios con cada una de nuestras facultades: con todo el corazón, con toda la mente y con nuestras conductas. Aprender a amar a Dios y manifestarlo en cada área de la vida, es modelar a nuestros hijos la manera congruente en la que ellos deban vivir.

De manera práctica, lo anterior se vería como sigue: Pensemos en uno de los mandatos que Dios hace al hombre en la ley, digamos: *No cometerás adulterio.* La mente registra el dato. No requiere ninguna interpretación. No cometer adulterio, es no tener una relación sexual con otra persona que no sea tu esposa(o). La mente lo sabe, pero el corazón *siente* otra cosa. El corazón siente el deseo de experimentar el adulterio. La lucha comienza en este punto. **Cuando el saber y el querer entran en conflicto**. Finalmente, el hacer, proyectará el resultado del conflicto interno. ¿Qué decisión terminará por tomar? El hombre incongruente termina por acceder a sus deseos y adultera. Porque su prioridad es la entera satisfacción de sus deseos. Bajo este cuadro, en este caso, pensemos ... ¿Quién manda en su vida? ¿A quién obedece? Porque a lo que obedezca, es a lo que más ama.

Se ama mucho así mismo, a sus deseos, a sus caprichos. Por lo mismo, **somete sus conductas al poder de su amor**, que en este caso, va dirigido a la búsqueda de la propia satisfacción.

Cuando una persona dice amar a Dios, no significa que no experimenta esta clase de deseos. Sino que, precisamente por amor a Dios, somete sus deseos a la obediencia a su mandato. Su mente le recuerda la ordenanza claramente expuesta: *no cometas adulterio*. Su corazón le pide la experiencia sexual que parece prometedora, pero, de inmediato coloca en una balanza: por un lado, el deseo y en el otro, el mandato. No está por demás decir que, **el hombre congruente termina por obedecer a Dios, no porque lo siente, sino porque lo sabe**. Es así como manifiesta amor a Dios con sus pensamientos y sus emociones.

Si el mandamiento es amar a Dios con la mente, esto implica saberlo, aceptarlo con la mente y bajarlo al corazón. Si el corazón no desea obedecer, deberá ser sometido a la obediencia por el amor a Dios. Reitero que esto no implica no sentir, sino someter, por amor a Dios, el sentimiento a la obediencia. La conducta obedece al acuerdo interno entre el sentimiento y la razón, y así se manifiesta. El resultado final será: no adulterar por amor a Dios y en consecuencia, amarle con la mente, con el corazón y con las acciones.

Recordemos: **si pretendemos transmitir valores trascendentes, la moral consistente será una prioridad**. El hombre congruente no pierde su calidad moral ante sus hijos porque se protege con el blindaje que le ofrece la congruencia y estabilidad por sujetarse al mandato.

No se conforme con gobernar las conductas de sus hijos, atrévase a influir positivamente en cada una de las áreas que los componen. Logre llegar a su mente. A su corazón. Y así logrará ver un cambio genuino en las conductas de su hijo. El único camino para lograrlo será que usted comprometa su manera de pensar, de sentir y de actuar.

AMOR

No provoquéis a ira a vuestros hijos, sino **criadlos** en disciplina y
amonestación del Señor.
(Efesios 6:4)

Concluye la IDEA, en el amor. Sin amor los hijos jamás aceptarán las reglas ni las recomendaciones de sus padres. Es el amor manifiesto lo que explica a los hijos las intenciones paternas al aplicar los límites en el hogar. El amor cohesiona las reglas, la disciplina y los afectos en una familia. El amor sana y protege los vínculos familiares. Hace que los miembros de una familia logren superar el dolor de las heridas que produce el trato cotidiano. El amor es la llave al corazón de nuestros hijos. Cuando ellos captan que lo que hacemos, lo hacemos en amor, será mucho más fácil para ellos aceptar la IDEA. Quiero decir, la instrucción, la disciplina, el ejemplo y por supuesto el amor. En resumen, el amor siempre será un elemento esencial en el trato de las relaciones humanas, mucho más, dentro del núcleo familiar.

El amor no es algo abstracto. Pensar en el amor, nos lleva al mundo platónico de las ideas. Al romance. En efecto, el amor es un sentimiento que no se puede palpar de manera física, pero que se manifiesta de muchas maneras. Y dentro del núcleo familiar, será indispensable la expresión sana y cotidiana del amor. Permítame presentarle algunas maneras en la que el amor debe manifestarse en el hogar:

EL AMOR SE EXPRESA EN TIEMPO

Dedique tiempo a sus hijos. No existe mejor manera de decirles que les ama. El mejor regalo que usted puede dar a sus hijos es su tiempo. Cuando los padres dedicamos tiempo para convivir con ellos, cuando abrimos un espacio en nuestra agenda para planear una salida para estar con ellos, cuando concentramos nuestra atención en sus necesidades y les miramos a los ojos al platicar con ellos, los hijos captan una idea central que los padres les comunicamos: *eres importante*. Porque cuando los padres de familia damos nuestro tiempo a los hijos, nos estamos dando a nosotros mismos.

Mi forma de dedicar tiempo a mis hijos la expreso de muchas maneras. Por ejemplo, dedico los sábados a la convivencia familiar. Por lo mismo el sábado vamos todos juntos como familia a jugar boliche, caminamos en alguna plaza, comemos en algún restaurante, vemos una película, etc. Cuando alguno de mis hijos cumple años dedico el sábado exclusivamente a él. Juntos él y yo salimos temprano a desayunar, vamos al cine, jugamos su juego preferido.

Cada hijo resulta muy diferente. A mis hijas les gusta patinar, a mis hijos los pequeños les gustan los juegos electrónicos, a los grandes les gusta manejar la camioneta o los *go-Karts*, etc.

Luego de cada actividad, comemos. Ya sea en el desayuno o en la comida, son los momentos que se prestan para platicar de ellos, sus problemas o proyectos. Finalmente, cuando se trata de los pequeños, vamos juntos a alguna juguetería a comprar su regalo. Con los grandes vamos a alguna tienda a comprar ropa o les hago entrega de alguna cantidad de dinero. Cuando llegamos a casa, mi esposa prepara algo especial para el festejado, una fiestecita para los pequeños y un pastel para los grandes. Invariablemente, mi esposa y yo buscamos que esos días se vuelvan eventos inolvidables para ellos.

Otra manera de dedicarles mi tiempo es lo que yo llamo: nuestro día aventura. Es un día al azar, que puede ser en promedio cada dos meses. Es un día que rompo mi agenda. Por ejemplo, puede ser un viernes por la tarde. Llego temprano del consultorio, digamos a las cuatro de la tarde y les digo a mis hijos: "¡Hoy es día de aventura!". Tiene que ver el rostro de entusiasmo de mis hijos. Cargamos el Jeep con la casa de campaña, el rifle de postas, la caña de pescar (no sé pescar pero estoy aprendiendo). Por cierto la meta es pescar y comernos lo que pesquemos.

Salimos algo así como a las cinco de la tarde y tomamos carretera. Sólo yo sé el destino que les tengo preparado para la aventura del día. Puede ser: acampar en la montaña o en algún lago, explorar algún pueblo fantasma o una mina, escalar una montaña, etc., Desmontamos la casa de campaña, la armamos, quitamos el techo al Jeep, nos dirigimos hacia el poblado más cercano a comprar comida chatarra (no olvide que es cosa de hombres), encendemos una fogata y nos ponemos a quemar bombones y a tomar café, mientras narramos historias de terror ¡Todo está documentado en video!

Al siguiente día nadamos en el lago hasta que los pies y las manos se arrugan por completo. Yo hago mis múltiples intentos en la pesca mientras ellos practican tiro al blanco con el rifle de postas. A nuestro regreso, normalmente dos de ellos caen rendidos y uno me acompaña despierto en el camino. Ese es nuestro momento para una plática profunda.

Ese día, nos separamos de acuerdo al género, mi esposa se lleva a las niñas y yo a los varones. Las mujeres tienen una salida femenina. Puede ser que las lleve a alguna exhibición que organiza su gimnasio y miran a su mamá en lo que es lo suyo, el ejercicio. Van a alguna exposición en la que participa la menor en danza árabe. Van al cine a ver algún estreno que le interesa a la mayor o simplemente van de visita con la abuela y las niñas conviven con sus primas.

Yo salgo con los hombres a tener una aventura extrema, que siempre nos deja una enseñanza de convivencia. Hasta ahora hemos acampado en el bosque a la orilla de algún lago o en la colina de alguna montaña. Hemos paseado en motocicleta, escalado zonas escarpadas en las montañas, explorado minas abandonada con sus pueblos fantasmas, paseado en lancha, nadado en ríos, dado largas caminatas por la montaña, visitado zonas arqueológicas, etc.

¡Cada viaje nos deja algo! Por ejemplo el día que escalamos el Salto del Tigre. Ese día llegamos a la zona de la escalada y mientras atábamos nuestras cuerdas a los arneses caseros, mi hijo el menor, que entonces tendría unos 5 años, miró asombrado el acantilado, poniendo especial atención a las dos cruces que estaban al pie del precipicio, y exclamó:

—¡Vamos a morir!

—¡No te preocupes hijo! —dije tratando de inspirarle confianza —. Tu padre te protege.

—¡Ya lo sé! Pero ... ¿si esos dos son un papá y un hijo? —dijo mientras apuntaba hacia las cruces.

Claro que los cuatro reventamos en carcajadas y de muy buen humor, iniciamos la escalada, tomando todas las precauciones posibles. Yo subía primero abriendo camino a través de la pendiente. El mayor me seguía, luego el segundo y finalmente al menor, lo traíamos colgando como un llavero. Nos sujetábamos de la cuerda y avanzábamos lentamente.

—¡No olviden siempre mantener tres puntos de apoyo! —Les recordaba las indicaciones mientras trepábamos la quebrada.

—¿Por qué estás tan rojo papá?—preguntó el mayor a medio camino.

Yo escalaba el Salto del Tigre cuando era un adolescente. Y si mal no recuerdo, en unos 20 minutos estaba en la cima. Ese día habíamos escalado por 35 minutos y nos quedaba más de la mitad del camino hacia la cumbre.

—Estoy bien —le respondí, pero en el fondo, estaba realmente asustado.

Creo que la adrenalina mezclada con el temor que sentía de que sucediera algún accidente, pusieron ese tono rojo en mi cara. Hablando con franqueza ¡No recuerdo la cantidad de promesas que le hice a Dios con tal de que nos permitiera volver a estar en tierra firme!. Hasta le dije que dejaría el cigarro... ¡¡cuando yo ni siquiera fumo!! Finalmente llegamos a la cima y yo besé el suelo. Mientras nos desatábamos los arneses y las cuerdas y tomábamos agua y un buen descanso, dije a mis hijos:

—Esta es la mayor lección que nos deja la escalada. —Ellos contemplaban asombrados el valle desde las alturas.

—La cumbre se disfruta por la escalada. Si hubiéramos tomado el camino que rodea la cañada, no lograríamos apreciar este lugar como lo hacemos en este momento.

Platicamos largo y tendido sobre el esfuerzo que requieren las cosas en la vida. Aprendiendo de manera vivencial lecciones profundas, el impacto que logra quedar en la mente de los hijos se refleja de muchas maneras. Por ejemplo, después de aquella aventura, de su propia iniciativa mi hijo menor me hizo este dibujo que reflejaba el sentimiento que había experimentado durante la travesía.

Notará que soy mucho más grande que las montañas. Aquella frase que le dije al pie de la montaña, tratando de estimular su confianza: "Tu padre te protege" cobró otro sentido.

Después de un buen rato de disfrutar del lugar y la plática, iniciamos el descenso. Bajamos en diferente orden. Primero, mi hijo mayor nos abría el paso. Yo me quedé al final, sirviendo de ancla para mis tres hijos. Entonces a mi hijo mayor y yo se nos presentó una escena inolvidable: *Mi hijo el desafiante bajaba al menor con un cuidado paternal.* Aquel momento valió todo el esfuerzo y el terror de la escalada. La imagen del desafiante protegiendo al menor, quedó grabada en el corazón de ellos y el mío.

Y es así en cada aventura. Cada una de ellas nos ofrece un taller vivencial de convivencia y aprendizajes entre mis hijos varones y yo. Anímese a comenzar por crear escaparates que sirvan de escenario para que pueda fortalecer aquellos lazos emocionales de relación y comunicación familiar. Le reto a que haga la prueba, seguro no se arrepentirá.

Una nota a pie de página. Por favor, si decide hacer una locura como estas, primero, tome todas sus medidas ... ¡¡pero del cuerpo!! Que no le suceda como a mí, ¡verdaderamente las cosas ya no son iguales 25 años después! Entonces tome todas sus precauciones porque quizá usted, después de todo, si necesite dejar el cigarro antes de emprender el viaje.

EL AMOR SE EXPRESA EN PALABRAS

Diga a sus hijos cuánto los quiere. Jamás de por sentado que ellos lo saben o que ya les dijo lo suficiente que los ama. Las acciones modelan los sentimientos que los padres tenemos hacia nuestros hijos, pero las palabras, no dejan lugar a dudas. Las palabras describen con detalle el sentimiento y le agregan significados. Decir a los nuestros cuánto les amamos confirma lo que ellos observan en nuestras acciones.

Jamás ignore el poder de sus palabras. Sus palabras destruyen y construyen el auto-concepto de sus hijos. Un momento de arrebato puede llevarnos a los padres a expresar con palabras, frases que se quedarán gravadas en sus mentes ¡el resto de sus vidas! Usted puede constatar lo anterior al recordar los golpes que su padre pudo haberle propinado en alguno de sus múltiples arrebatos. Aquellos golpes ya quedaron en el olvido, pero, qué dice de las palabras ... las palabras son algo que jamás se olvida.

Así como jamás olvidará las palabras fuertes y groseras que su padre dijo de usted, igualmente, jamás olvidará aquellas palabras afirmativas en las que su padre le mostró su ángulo afectivo. Aquellas veces, su padre se refería a usted en amor. Fueron palabras en las que él expresó su opinión acerca de usted. Lo extraordinario del momento fue que su mente se aferró a ellas y en su fantasía, deseaba borrar, con las palabras afirmativas, las palabras negativas que su padre había dicho antes. Pero, jamás lo logró. Las palabras positivas no borran las negativas, cohabitan con ellas. Ahora, piense en lo siguiente: ¿Qué hubiera pasado con usted si en sus memorias guardara más palabras positivas que negativas referidas por su padre? Jamás lo sabrá con certeza. Lo que cualquiera supone es: *"Yo pensaría más positivamente de mí. Lo que me habría llevado a tomar más riesgos en la vida. Y seguramente así, tendría un mejor puesto en mi trabajo. Me llevaría mejor con mi esposa e hijos, etc."* Pero, el *hubiera* no existe. A pesar de esto, no todo está perdido. La respuesta está en sus hijos. Haga la diferencia en ellos. Grabe sus recuerdos con las palabras que a usted le hubiera gustado escuchar de su propio padre. Piense en las palabras con las que usted desea que ellos lo recuerden. La impronta, les quedará como un tatuaje permanente. Después de todo, al final, es lo único que ellos recordarán de usted.

Las aventuras extremas me ofrecen momentos inolvidables de pláticas profundas con cada uno de mis hijos. En esos momentos muestro todo mi interés en lo que a ellos les preocupa. Trato de mantener abierto el canal de comunicación todo el tiempo y les expreso mi amor en acciones y palabras.

Dedique tiempo también a sus hijas y dígales cuanto las quiere. Los intereses de las hijas son diferentes de los de sus hijos. Sus hijas esperan saber lo que usted opina de ellas. Las palabras de afirmación que fortalecen el auto-concepto de nuestras hijas se enfocan hacia su **belleza**. Mirándoles a los ojos, exprese de manera constante la hermosura de sus hijas. Esto hará que ellas mismas aprecien y valoren su propia belleza. Admire su ropa y dígaselo. Contemple su peinado, afirme su inteligencia, acepte sus gustos, atrévase a tener una plática profunda y personal con su hija.

Conózcala. La tendencia de las hijas Negativistas Desafiantes, tienden hacia una conducta sexual promiscua. Esto bien puede responder a las necesidades internas de admiración y afirmación de la belleza, expresados erróneamente en deseo sexual hacia los hombres. Pues las afirmaciones paternas podrían marcar una diferencia importante.

Con los hombres, el foco de las palabras es diferente. En sus varones, afirme con palabras sus **habilidades**, no su belleza. Admire, afirme, valore y exprese positivamente las habilidades de su hijo varón. No es que su hija no requiera que usted admire sus habilidades, sólo que no tiene el mismo efecto que en los varones.

Para lograr un adecuado tratamiento de este trastorno del desarrollo con las hijas desafiantes, se hará indispensable la conexión emocional que se expresa en palabras, especialmente porque se trata de una damita. A pesar de que todos mis relatos van dirigidas hacia mi hijo desafiante, funcionan por igual con las damas. El grado de dificultad será mayor por la diferencia de género y por cierto, *el amor expresado en palabras* será uno de los mayores retos cuando este trastorno sea tratado por padres del sexo opuesto al hijo que lo padece.

EL AMOR SE EXPRESA EN CONTACTO

Abrace a sus hijos. No menosprecie el poder terapéutico del contacto físico. Cuando los padres entramos en contacto con nuestros hijos, hacemos mucho más que expresar con palabras y acciones el amor. Cuando abrazamos a los nuestros, trasmitimos el amor. Al contacto, ellos sienten nuestro amor. Por más rebuscadas que sean nuestras palabras jamás lograrán expresar lo que transmite el contacto físico en un solo acto, porque, el contacto físico intencional, al ir cargado de significado, toca el alma. Una mirada, una caricia, una palmada en la espalda, un fuerte abrazo, etc., sana el alma.

La abundante riqueza que tenemos a la mano para expresar el amor a través del contacto, sólo tiene como límite, la misma creatividad de quién lo desea expresar. El contacto logra sumar una serie de líneas que fortalecen la relación entre dos personas. Mire la riqueza que poseemos para transmitir el amor: tiempo, palabras, acciones y actitudes. Todas ellas agrupadas en un instante a través de un abrazo.

He atendido muchas familias a lo largo de mi carrera profesional y este elemento es uno de los más descuidados por la gran mayoría de ellas. Justo cuando trato el asunto, casi todos han expresado, con un muy alto nivel de frustración: "Son ellos los que no lo permiten, porque no se dejan abrazar." Y en efecto, un joven adolescente no siempre permite el contacto físico, lo que no significa que no lo necesita. Menos si se encuentra en uno de esos momentos de irritación o explosión emocional. Considere creativamente la manera de ofrecerle el contacto, a pesar de que el joven "no lo permita".

He tenido múltiples pláticas con mis hijos bajo circunstancias diversas: alegres, enojados, frustrados, peleados, aburridos, etc. Pero cuando se trata de mi hijo desafiante, la constante es el enojo o la frustración. Ciertamente ellos no permiten el contacto en ese momento, pero yo prefiero interpretar su negativa al contacto, como una manera de pedir mi ayuda.

Acostumbro "escanear" a mis hijos cuando llego a casa para verificar su estado de ánimo. Posteriormente invito al que veo de "capa caída" a caminar al parque. Ahí tomamos algunos minutos para charlar mientras caminamos juntos y aprovecho para estirar las piernas después de un día de consulta.

Cierto día, a mi llegada, mi hijo desafiante estaba realmente enojado, recluido en la computadora. Me di cuenta de inmediato de su enojo y me acerqué para invitarlo al parque a caminar. Su respuesta inmediata fue una negativa. Incluso, su nivel de agresión se elevó de inmediato.

—¿Quieres ir a caminar? —dije, tratando de expresarle amor por el contacto.

—¡No quiero hablar! ¡No quiero nada! ¡No creo en ti! ¡No creo en Dios! ¡No estoy de humor! —dijo con una abierta expresión de rabia.

—Creo que verdaderamente necesitas ir al parque. Vamos a caminar —insistí en la invitación sin dejarme derrotar.

—¡Pero ya te dije que no quiero hablar! —dijo levantándome la voz.

—No te invité a hablar, te invité a caminar — respondí manteniendo la calma y dirigiéndome a la salida.

En silencio iniciamos la caminata rumbo al parque. Confieso que no sabía cómo abordaría el problema que mi hijo traía. Ni siquiera estaba seguro de que lograría que él abriera su corazón. Simplemente me limité a expresarle mi amor y preocupación a través de ese momento de contacto: caminando. No abrazándolo. Sólo caminando juntos. Pensando. Acompañándole en su problema, estando ahí para que supiera que si él deseaba hablar, yo estaría dispuesto a escuchar.

Logré el objetivo. Sólo aguantó el silencio durante dos vueltas en el parque. Durante la segunda vuelta, rompió el silencio.

—¡Está bien! —dijo con mucha mayor disposición para hablar —. ¿Qué quieres saber?

—¿Yo? Nada. Sólo deseo caminar contigo. Pero si tú deseas hablar de algo, ya sabes que puedes contar conmigo, yo escucho —le respondí tratando de que fuera él quién abriera el tema que deseara.

En ese momento abrió el expediente y comenzamos a tratar uno de los temas más profundos que mi hijo desafiante y yo hemos tenido. No olvide que su primera respuesta a mi invitación fue una negativa. Pero ante la negativa de los adolescentes, yo tengo otra visión. Cuando un adolescente dice: "No me toques", realmente pide contacto. Cuando dice: "No quiero hablar", necesita descargar.

—¡Ya no creo en Dios! —inició él su catarsis.

Yo, me limité a escuchar.

—Por más que le pido que me quite este carácter no responde. Ya se lo pedí mucho, sabes … ¡con nadie puedo estar bien! —comenzó a llorar —. Creo que nadie me quiere, bueno … tú sí, pero con nadie más de la familia me la llevo bien … Me quiero ir de la casa.

Cuando un padre logra contactar con la desesperación de su hijo es el momento justo para acariciar su alma. No se trata de que consuele a su hijo en abrazos, sino de que contacte su alma permitiéndole que él mismo analice su razonamiento. He observado que muchos padres de familia, cuando su hijo expresa cosas como la anterior, con frecuencia responden bajo uno de dos extremos: se enojan y explotan culpando a su hijo o entran en pánico y doblega las manos. Ambos extremos son inadecuados ¡Permita que su hijo razone sus propias conclusiones!

—¿Qué esperarías mejorar saliendo de la casa? —le pregunté, ofreciéndole un espacio para que él mismo cuestionara sus propias conclusiones.

—Creo que le estoy haciendo daño a la familia. Yo echo todo a perder. Ya viste el fin de semana en la plaza, todos divirtiéndose y yo … creo que soy 90% malo y a penas 10% bueno ¡Todo está mal!

—Qué gusto me da escuchar lo que acabas de decir, me dejas muy tranquilo al saber que reconozcas un 90% malo. Creo que ése es un buen comienzo y me hace entender que tu proceso de cambio te está guiando por buen camino. Piensa en esto: ¿qué podrías cambiar si hubieras dicho creo que soy 90% bueno y apenas 10% malo?

—Nada. Porque no haría falta cambiar —me contestó entendiendo que el proceso de cambio se estaba efectuando.

En esta coyuntura, observe que los hijos llegan a sus propias conclusiones basándose en su propio razonamiento. Cada idea expresada por mi hijo terminaba con una conclusión que su lógica le dictaba. Muchas de estas conclusiones estaban equivocadas, otras no. Él necesitaba razonarlo.

—Reconocer que necesitamos cambiar es el primer paso rumbo al cambio. Y creo que Dios está respondiendo a las peticiones que le haces sobre tu carácter. Sólo que quizá no está respondiendo como tú quisieras que lo hiciera. Creo que él te hizo con ese carácter con un propósito. Quizá tengas que admitirlo y aprender a manejarlo.

—¿Crees que de verdad estoy cambiando? —me preguntó con mucha mayor apertura y razonamiento.

—Lo que me acabas de decir me hace entender que Dios está trabajando en tu vida. Nadie reconoce sus propios errores si no recibe ayuda de lo alto. Porque los seres humanos somos soberbios por naturaleza. Deja que Dios complete su trabajo en tu vida.

En estas pláticas hay una serie de ideas que quedan grabadas en sus mentes y que ellos razonarán con el paso del tiempo. Pero sobre todo, el contacto expresado *en la actitud de apertura de parte de los padres* es lo le vuelve a dar reposo a su alma. Yo terminé la plática hablando de los planes del futuro.

—Respecto a tu salida de la casa, en su tiempo tendrás que hacerlo. Por ahora, hagamos un trato. Espera que pase el período de campamentos de este verano y a tu regreso, lo evaluamos. Tu madre y yo queremos lo mejor para ti y tus hermanos, y si es lo mejor para todos ya tomarás tu decisión.

Claro que pasando el verano ni se acordó de lo que había dicho respecto de querer salir de la casa. Los hijos dicen cosas sin pensarlas. No las tome de manera personal porque van a interferir en el contacto afectivo tan necesario en sus vidas.

Piense creativamente en las múltiples maneras en las que va a establecer contacto con cada uno de sus hijos. Y no se rinda. Recuerde que, cuando un adolescente pide que no le toque el cuerpo, realmente está pidiendo que toque su alma.

EL AMOR SE EXPRESA EN DiSCiPLiNA

La disciplina es un acto de amor, no lo transforme en un vulgar acto de venganza. La manera más hermosa y cotidiana en la que los padres podemos demostrar a nuestros hijos el amor que sentimos por ellos, es a través de la aplicación afectiva de la disciplina. Tal y como si se trataran de una planta a la que regamos, abonamos, aflojamos la tierra, limpiamos sus hojas y tenemos una serie de cuidados para que madure y se forje. Algunas líneas antes ya expuse sobre los procesos para la adecuada aplicación de la disciplina, en esta parte, lo único que desea enfatizar del asunto, es que la disciplina es un acto en que se puede manifestar el amor.

Los padres nutrimos a los hijos por medio de la disciplina efectiva. Una vez aplicada, producirá en ellos la maduración necesaria para su futura inserción en la sociedad. Los padres vemos con agrado el desarrollo físico en nuestros hijos y nos entusiasma observar su proceso de maduración. Nosotros, los padres, somos actores y protagonistas de este desarrollo. Esta debería ser razón suficiente para querer continuar.

La base para el tratamiento del Negativismo Desafiante es el amor. Los hijos con este trastorno logran desquiciar a sus padres. El amor producirá el deseo de continuar una y otra vez intentándolo.

En tanto mayores y más intensos sean los síntomas, mayor será cada vez la necesidad de ofrecer y recibir las múltiples manifestaciones de amor dentro del núcleo familiar.

El amor facilita el perdón causado por las heridas relacionales ...

El amor motiva para continuar en la búsqueda del cambio ...

El amor libera de la culpa que se produce al acceder al enojo ...

AYUDA A QUE TU HiJO RECUPERE EL CONTROL
Y LE DÉ SENTiDO A SUS iMPULSOS

SEGUNDO ELEMENTO: TRES TAREAS

La IDEA es la suma de las acciones estructuradas que los padres debemos implementar en cualquier hogar y con mucha mayor razón si tratamos en casa con un joven desafiante. Una vez que se asimila y se aplica la IDEA, debemos dar el siguiente paso rumbo al tratamiento de este trastorno del desarrollo. Debemos sumar tres tareas más. Estas tres tareas bien pueden aplicarse en cualquier persona, familia e incluso empresa. Pero, para el caso del tratamiento del Negativismo Desafiante, resulta una prioridad. Estas tres tareas, lograron transformar a mi hijo rebelde en: Mi rebelde con-sentido.

Las tres tareas son: **Una visión, una misión y un propósito**. Estos son tres ejes fundamentales para una vida, una familia o una empresa. Donde exista una interacción humana deben existir estos tres valores que le imprimirán la motivación y la estructura que una vida o una organización requieren. La confusión ante la vida y sus distracciones pueden responderse al resolver tres preguntas contenidas en estos tres vectores. ¿A dónde quiero llegar? (Visión). ¿Cómo planeo hacerlo? (Misión). ¿Para qué persigo dicho objetivo? (Propósito). Responderlas le ofrecerá un sentido a su vida y a la de su hijo.

UNA VISIÓN

Una visión responde a la primera pregunta fundamental: ¿A dónde quiero llegar? La respuesta nos remite a un destino. Una meta. Un rumbo. Es definitivo que un joven desafiante es literalmente un rebelde *sin causa*. Por lo mismo, la primera tarea que necesitamos realizar los padres, es ayudar a que nuestro hijo desafiante produzca una visión de su propio futuro y pueda darle así una causa a su rebeldía. La tendencia natural de los jóvenes es vivir el aquí y el ahora. No piensan en el futuro ni desean hacerlo. No planean, no programan, no proyectan. Sólo quieren disfrutar este día. Y sí, puede resultar en una filosofía de vida agradable para ellos, pero muy desafortunada para sus padres.

Ayude a que su hijo pueda elaborar una visión del futuro. La manera más práctica de hacer que nuestros hijos piensen en su futuro es preguntándoles ¿a qué quisieras dedicarte? Con la elección de la carrera les ayudamos a pensar en el futuro. Si continuamos: ¿cómo imaginas que será tu vida el siguiente año? acercaremos su mente más hacia el presente. Posteriormente, extienda su visión nuevamente para dentro de dos años. Después, llévelo a los siguientes cinco años más. Finalmente ayúdele a que él piense en cómo quisiera que fuera su vida dentro de diez años. Esta serie de preguntas no sólo refieren a su elección de carrera, sino a lograr vislumbrar su situación actual rumbo al cumplimiento de un destino.

UNA MiSiÓN

Una vez que ha respondido la primera pregunta, ¿a dónde quiero llegar?, la siguiente pregunta que el desafiante y cualquier persona, debe contestar, es: ¿Qué pienso hacer para lograrlo? La respuesta nos lleva a pensar en la tarea para el presente. El día de hoy. Cualquiera que sea su respuesta le ayudará a ubicar su presente, su actual circunstancia. Si desea llegar a cierto destino (visión) seguramente habrá algunos pasos que tenga que realizar antes de avanzar.

Cuando usted elabora preguntas como las anteriores logra estimular la imaginación de su hijo y le obliga a moverse a través de la línea del tiempo. Le obliga a establecerse en un punto de su propio camino, a evaluar lo que hasta el momento ha avanzado para finalmente proyectarse hacia el futuro. Bien podría añadir a este ejercicio el ver alguna película que trate del tema con seriedad. Algo así como: *The ultimate gift* (Traducida como: El último regalo).

UN PROPÓSiTO

El propósito responde a una de las preguntas más importantes que cualquier ser humano, especialmente un desafiante, debe responder: ¿Para qué perseguir el objetivo? La respuesta le llevará al valor de la trascendencia.

Uno de los peores hábitos que tenemos los seres humanos es preguntarnos ¿por qué? Observe que la respuesta a esta pregunta, siempre nos encierra en el círculo de la auto-conmiseración: ¿Por qué me pasan a mí estas cosas? Cualquier respuesta a esta pregunta nos llevará a dar vueltas en círculos. En cambio, si elabora, bajo la misma circunstancia, una pregunta como: ¿Para qué me pasó esto? logrará obtener una respuesta lineal. Jamás circular. El para qué le conduce al propósito de las circunstancias. El para qué le conduce a pensar que nada de lo que sucede en la vida es por obra de la casualidad. Cada cosa que nos sucede cumple con un propósito en la vida. Por desgracia pocas veces nos detenemos a responder a la valiosa pregunta: ¿Para qué?

Si conducimos la pregunta anterior a las conductas del presente, logrará un beneficio adicional. Llevar a su desafiante a pensar en el propósito que él persigue con sus conductas impulsivas. Notará que poco a poco razonará mejor su conducta.

Pero la razón fundamental que persigo al sugerirle este ejercicio con su hijo, es que usted pueda ayudarle a generar una visión general de su vida. Usted puede ayudar a que su hijo logre canalizar su Negativismo Desafiante. He cerrado cada capítulo con la siguiente idea: *"Ayuda a que tu hijo recupere el control y le de sentido a sus impulsos"*. Este ha sido la idea central de este proyecto.

Si logra estimularlo a que él tome control de sus acciones presentes notará un cambio radical en su conducta. Pero si usted logra que él encuentre propósito en modificar sus actos presentes, logrará llevarlo hacia su destino.

Piense en su hijo desafiante como si fuera un tren descarrilado haciendo un auténtico desastre en su hogar, desafiando su autoridad paterna, molestando a sus hermanos y lastimando a su madre con sus continuas respuestas agresivas. Por un momento, analice lo que usted ha intentado hacer con el fin de detener el desastre. Notará que usted, en repetidas ocasiones, se ha puesto de frente al tren para detener el desastre y ... ¿lo ha logrado? La respuesta será: "Definitivamente no". Esto se debe a que la inercia provocada por la mala inteligencia en el manejo de la fuerza del impulso del muchacho guían a la familia directo al desastre. ¡Jamás se ponga de frente a un luchador de sumo! Mejor utilice aquel principio básico en las artes marciales: *Derriba a tu oponente aprovechando su peso e impulso*.

Si usted logra identificar el destino de su hijo por medio del descubrimiento de la visión y del propósito de su existencia, y si le ayuda con paciencia a elaborar tareas para su presente a través de la misión, creará una sinergia de cambio que conducirá a la maduración de su hijo. La cooperación de fuerzas para generar el cambio, consiste en canalizar la inercia de su impulso de manera constructiva. Consiste en lograr que el tren permanezca en su carril y utilizar su fuerza para avanzar, no para destruir.

Aplicar la técnica de las tres tareas estimula la maduración del muchacho. Al permitirle experimentar el control de su vida, logramos que entienda que es él quién le da forma a su destino. También se dará cuenta de que sus conductas presentes le están llevando a cierto destino. Que si ese destino es el que él desea vivir está bien, pero que si no le gusta el rumbo que está tomando su vida, que sepa que hoy puede hacer algo para modificarlo. De igual modo, sabrá que nada le librará de las consecuencias a las que él se enfrente por la elección de sus conductas presentes.

Sume por un momento las tres tareas y aplíquelas en conjunto. Cuando usted y su hijo tengan pláticas sobre el futuro, nunca deje el tema sin antes haber elaborado con su hijo la misión. Porque en la misión está la tarea para que su hijo sepa qué es lo que debe hacer hoy para lograr cumplir su visión y propósito mañana.

TRAZAR UN DESTINO

Permítame narrar la manera en la que elaboramos juntos, mi hijo desafiante y yo, las tres tareas anteriormente descritas: una visión, una misión y un propósito. A este evento, es a lo que llamo: **El día clave**.

A lo largo de los años he establecido ciertos lugares en los que he tenido momentos muy importantes de plática profunda con mis hijos o con mi esposa. El parque cerca de la casa, los columpios de nuestro jardín, un café o el auto-lavado. Lugares comunes que llegan a resultar trascendentes.

Esa ocasión fue un domingo por la mañana en el auto-lavado. Mientras los jóvenes lavaban nuestra camioneta, fuimos a nuestro lugar de reunión. Es el barandal que limita el jardín frontal del negocio. Yo inicié la plática con una de las preguntas antes sugeridas:

—¿Cómo imaginas que será tu vida en el futuro? Digamos, dentro de algunos diez años. Piensa que para entonces ya tendrías unos 23 años.

—No sé. Casado. Con algunos dos hijos. Trabajando ... No sé. —Lanzó así sus primeras ideas acerca del tema.

—Y ... ¿a qué te gustaría dedicarte? Quisiera que pensaras en lo que a ti te gustaría estar haciendo el resto de tu vida. Algo que tú disfrutes hacer y que además, te pagaran por eso. —Yo continuaba con la serie de preguntas para estimular su imaginación y despertar en él una visión.

—Me gustaría ser famoso —pronto respondió —. Y viajar por todo el mundo.

—¡Suena bien! y muy divertido, pero ... ¿qué crees que tendrías que hacer para lograrlo? ¿Has pensado en eso?

—No. —La plática tomaba un tono reflexivo.

—Yo he pensado mucho en tu futuro y creo tener una respuesta. —Con esta intervención mía, desperté mucho su interés—. De hecho, quiero revelarte un secreto respecto a tu futuro.

—¿Qué es? —preguntó y pronto se reincorporó en su lugar y con mucha mayor atención.

—Bueno, he pensado mucho en todo lo que hemos hablado sobre tu carácter. ¿Recuerdas que te hable de todos los síntomas de Negativismo Desafiante que tú tienes?

—Sí —contestó —. Recuerdo que me leíste un libro que describe mi carácter.

—Bueno, te habrás dado cuenta de que hemos trabajado mucho para que tú logres controlar tu manera impulsiva de actuar ...

—Pues ... sí —respondía con mucha cautela, casi con temor, pero a la vez con más curiosidad.

—Pues el secreto es que he estado registrando tu vida desde que tenías tres años. He aplicado muchas técnicas para ayudarte a superar este trastorno de tu desarrollo. He registrado así mismo el progreso y los obstáculos que hemos ido superando juntos. El propósito principal que he perseguido todos estos años, es ayudarte a superar este problema. Pero quiero ir mucho más allá. Quiero invitarte a un proyecto futuro. Quiero escribir un libro sobre tu vida.

Aquí estaba la Visión.

—¿Un libro sobre mí? —preguntó con una muy amplia sonrisa en el rostro, curioso y sorprendido —¿Y sería famoso?

—Pues no sé qué tan famoso podrías llegarás a ser. Pero seguramente muchas personas que tengan hijos desafiantes querrán conocer y entrevistarse con el joven que sí logró superar su propio trastorno del desarrollo y querrán saber qué fue lo que hiciste para lograrlo.

—¿Qué tengo que hacer? —dijo, con una clara expresión de aceptación y bienvenida a la idea. Hasta se incorporó completamente en señal de un verdadero interés.

—Bueno, ser honesto. Porque debes saber que no voy a publicar mentiras sobre ti. Piénsalo bien. Tenemos de margen dos años —aquí la Misión —. Me he propuesto darte los dos próximos años para que trabajes duro en el control de tus impulsos y en la transformación de tus actitudes. Si veo en ti un progreso sustentable, el libro saldrá a la luz pública y desde ese día tu vida tomará un giro muy diferente. Pero si veo que tu cambio es dudoso o no tiene sustento, que es variable o definitivamente no es real, el libro quedará sepultado ¿Qué dices?

Lo pensó un momento antes de contestar y después con un tono que reflejaba mucha honestidad de su parte, simplemente dijo:

—La verdad … no sé si lo voy a lograr.

—Qué te parece si lo intentamos. No te voy a dejar solo en este proceso. He trabajado a tu lado desde que eras un pequeño y quiero que sepas que aceptes o no, voy a continuar a tu lado, trabajando. Creo que Dios permite esta clase de cosas en nuestra vida con un propósito. Sólo debes encontrarlo.

—¿Y si me hago muy famoso? —Casi podía verlo frotándose las manos imaginando un futuro glorioso.

—¿Para qué quisieras ser famoso? —Es en este punto en dónde surge el propósito al elaborar la pregunta: ¿Para qué?

—Para ganar mucho dinero y comprar muchas cosas. —Aún para él mismo sonó una respuesta equivocada. Evidentemente no había pensado en el propósito de la riqueza o la fama.

—¿Crees que ser famoso o rico le dará un sentido a tu vida? —dije evitando juzgar su respuesta equivocada.

—No sé. No había pensado en eso.

—¿Recuerdas que me platicaste de tu amigo de la primaria que sufría mucho porque sus padres le ignoraban? Por cierto, que tú también, por un tiempo, lo evitabas, pero que después te enteraste de esto y lo hiciste tu amigo.

—Sí, claro. Pero ¿Qué tiene que ver?

—Estabas muy preocupado por ese amigo tuyo ¿Recuerdas qué fue lo que te dije de él?

—Sí, que era un muchacho que necesitaba una familia. Que yo no podía solucionar su vida, pero que sí podía ofrecerle mi amistad. Ahora que lo pienso, ¿sabes? ... me acuerdo de cómo cambió conmigo después de esa plática. Me decía que yo era como su hermano. Hasta ahora, todavía me busca para muchas cosas. Creo que nos hicimos muy buenos amigos.

—Y ¿cómo te sentiste después de ofrecerle tu amistad?

—Muy bien. Muy contento por dentro.

—Imagina ahora que pudieras influir positivamente a sus padres. Que ellos pudieran escucharte hablar de su propio hijo y que tú lograras que le pusieran más cuidado. Que tu plática ayudara a que tu amigo recuperara a sus padres.

—¡Sería genial! —respondió cuando logró captar que todos sus actos tendrían un sentido trascendente, **un Propósito**.

—Ahora piensa que no sólo pudieras ayudar a la familia de tu amigo, sino que lograras influir de manera positiva en la vida de tantas familias que sufren de lo mismo. Que pudieras ayudar a los padres que no se la llevan bien con sus hijos por sus reacciones impulsivas y a los jóvenes que no se pueden comunicar con sus padres. Familias que tienen rota la comunicación y la relación ¿Te gustaría?

—¡Sería padrísimo! —Creo que a estas alturas de la plática, casi él podía verse a sí mismo, en una imagen de su futuro casi tan clara como su presente.

—Eso es darle un propósito a la fama. Dedicar tu vida a influir en los demás de manera positiva le dará sentido a todo lo que haces.

Ahora, se dará cuenta usted por qué el libro que tiene en sus manos tiene tanto significado en mi vida, en lo particular. Este proyecto logró darme a mí otra perspectiva del trastorno del desarrollo en mi hijo. Le dio a él una visión de su futuro y nos dio a ambos una razón para seguir luchando para lograr el control y la recuperación de sus impulsos. Nos dio una mejor comprensión de la razón por la que Dios permitió que él creciera con este trastorno del desarrollo y nos dio la esperanza del cambio.

Aplicar las tres tareas no es algo fácil, pero siempre resulta muy efectivo. Evidentemente no en todos los casos se tratará de escribir un libro sobre la aventura de la vida familiar, pero siempre encontrará un propósito en la vida de su hijo. En los casos que hasta ahora he atendido en consulta, he encontrado múltiples maneras en las que las familias han trazado un destino con sus hijos desafiantes al aplicar las tres tareas en su día clave. Algunos que recuerdo han sido: terminar una carrera, dirigir el negocio familiar, crear su propia empresa, realizar un proyecto personal que el joven ya tenía, materializar un sueño, etc. Lo importante de este asunto, es que, al realizar las tres tareas, los padres logramos un mejor acercamiento con nuestro hijo desafiante, y nos ofrece a ambos una razón para continuar.

Una nota fundamental a este respecto. Cuando vemos nuestra vida en una línea, debemos admitir que lo único que es real, es el presente. El pasado, ya pasó, y el futuro no existe. Lo único real, es el presente. Mire el diagrama:

PRESENTE

Nos liberamos   Nos proyectamos

PASADO   **VIVIMOS EL PRESENTE**   **FUTURO**

En mi consulta, llevo a la gente a un viaje a su pasado con el único propósito de identificar las cadenas que lo atan a su propia historia y efectuar el perdón y la consecuente liberación. Echamos una mirada a su futuro con el firme propósito de establecer los cambios **que en el presente** deben realizarse si desean llegar a ese destino. Pero me gusta ser enfático respecto a que la persona debe aprender a vivir y disfrutar únicamente de su presente.

El riesgo en la aplicación de las tres tareas es sembrar la idea equivocada en nuestros hijos de que *algún día llegaremos a obtener la felicidad*. Que en el futuro, las cosas serán mejor. Que el presente duele y no gusta, pero que algún día lograremos "el placer de vivir". Ideas erróneas que se producen por confundir un estado y un proceso. La felicidad no es un estado, es un proceso. Bien puede explicarse tomando como ejemplo el deporte de escalar, en dónde la cima se disfruta gracias a la dificultad que representa la escalada. No arrebate a sus hijos, el placer de vivir el presente.

El pasado cumple su función de enseñanza en nosotros cuando lo vemos como fuente de aprendizaje y el éxito es que no repitamos nuestros mismos errores. Es así como nos reconciliamos con nuestra historia. El futuro nos lleva a proyectarnos hacia el cambio. Planeamos lo que deseamos ver en nuestro futuro y hoy trabajamos en ello. Pero jamás perdemos el sentido de vivir en el presente.

No puedo cerrar este capítulo sin antes recordarle que es muy importante que al final de esta plática que al principio he llamado el día clave, salga de ahí con un plan de trabajo para el presente: Una Misión. Un plan de acción que le imprimirá tareas diarias al presente. Áreas específicas de cambio que su hijo, bajo su cuidado y respaldo, trabajará en su presente. De lo contrario, todo quedará en un sueño sin realizar. A este respecto, mantenga como filosofía de vida aquella frase de quién fuera considerado el ejecutivo del siglo XX, Jack Welch[15]: "Una visión sin acción es un sueño".

AYUDA A QUE TU HIJO RECUPERE EL CONTROL
Y LE DÉ SENTIDO A SUS IMPULSOS

---

15 Jack Welch. World Business Forum (2010): disponible en http://inspire. hsmglobal.com/JackWelch.

CUARTA PARTE: UNA IDEA EN ACCIÓN

Después de haber analizado los conceptos de la instrucción, disciplina, ejemplo y amor (IDEA) y de haberle ofrecido a usted las tres tareas para el trabajo en casa con el Negativismo Desafiante: ayudar a que nuestro hijo descubra el poder de una visión, elaborar—basado en aquella visión—una misión para cada día y lograr encontrar un propósito para su vida, habremos obtenido un avance significativo en casa.

A continuación, quiero presentarle una serie de relatos que describen los momentos en los que, en familia, mi esposa y yo, hemos trabajado con nuestros hijos los conceptos de la IDEA y de las tres tareas. El objetivo que persigo con esta sección, es poder ser mucho más asertivo en la explicación y aplicación práctica de estos conceptos.

La siguiente, es una serie de eventos que vivimos en mi propia familia buscando trabajar el Negativismo Desafiante de nuestro segundo hijo. Y a pesar de que la narrativa se dirige hacia el género masculino, por ser varón nuestro hijo desafiante, no significa que la IDEA y las tres tareas no puedan ser aplicadas a las mujeres. Si usted es padre o madre de alguna hija desafiante, considere los elementos básicos del relato y adapte la estructura a su propio caso.

AMAR EL CÓDIGO

Es común en las familias en dónde el Negativismo Desafiante hace su aparición que el reto, los reproches y desafíos se dirijan con mucha mayor frecuencia hacia la figura materna. La relación entre el joven desafiante y su madre siempre resulta difícil. La razón de lo anterior, es principalmente por el desgaste tan continuo bajo el que se encuentran la madre y su hijo desafiante, producto del trato cotidiano. Siempre, la madre de familia será el "enemigo a vencer" del joven desafiante.

En casa este desgaste no se hizo esperar. Mi hijo desafiante retaba de manera constante a su madre y desafiaba su autoridad. Lo peor del caso, fue que el mayor, en un tiempo, se le unió en esta cruzada, aliándose con su hermano en contra de su madre. Las respuestas que ambos daban a mi esposa eran cada vez más agresivas y en tonos mucho más desafiantes.

En casos así la labor del padre para retomar el rumbo de la familia consiste en reubicar a cada uno en su respectivo lugar. Esto es fundamental. A los padres que ahora me están leyendo les desafío a que ya no ignoren la relación tan tirante que existe entre su esposa y sus hijos. Especialmente con aquellos jóvenes desafiantes.

Por lo anterior yo mismo comencé a planear la manera en la que aplicaría la IDEA ante este problema. Afortunadamente por aquel tiempo se estaba proyectando en cine la película: "El libro de los secretos". Para aquellos que no la han visto, es una película de corte futurista, que trata de una época en la que la capa de ozono ha sido perforada, produciendo un verdadero desastre en el ecosistema. La mayoría de las cosas se queman, dejando tras de sí una estela de destrucción, desolación y hambre. Todo el sistema financiero se cae produciendo un caos a los pocos sobrevivientes del planeta. Estos conforman un pueblo sin ley, roban y matan por las cosas más simples y que ahora tenemos en abundancia.

La trama dice que el protagonista, un sujeto llamado Elí, protagonizado por Denzel Washington, es llamado por Dios para cuidar del llamado Libro de los secretos, (la Biblia). Elí lo cuida con su vida. Maneja la espada de manera magistral, ofreciendo todo un espectáculo para los chavos. El antagonista, que es el típico sujeto que busca el poder por el poder tiene el dominio del resto de la población, a quienes, hasta ese momento, ha manipulado por medio del control del agua de un pozo que él descubrió. Busca desesperado encontrar y apoderarse del Libro de los secretos. Su objetivo es controlar la fe de la gente. "El libro tiene el poder de generar esperanza", según dice en alguna escena. Su plan es lograr el poder político y espiritual.

La película tiene un argumento profundo: el amor al código. El protagonista pelea con su vida por proteger el código, lee diariamente el libro, memoriza sus palabras, cuida del texto al extremo de la obsesión. Ese es el momento crítico en el que su misión pierde el sentido, volviéndose el propósito de su existencia, cayendo así en el típico error del ser humano: quedarse en la superficie. En el momento del clímax, Elí expresa:

-"Me dediqué tanto a proteger este libro, que me olvidé de vivir bajo sus principios".

¡Imagíneme en la sala de cine! Junto a mis dos hijos varones mayores, escuchando semejante declaración. A la salida del cine, vino la mejor parte. Los invité a tomar un café mientras charlábamos sobre la película. Las preguntas fluían una tras otra:

—¡Sí estaba ciego! ¿O no? —preguntó mi hijo mayor.

—Sí —respondí — creo que habrá perdido la vista cuando se rompe la capa de ozono y todo quedó envuelto de aquella luz incandescente. Pero a pesar de su ceguera, desarrolló tanto el sentido del oído que podía captar hasta el más mínimo sonido.

—¿Crees que Dios le ayudaba? Porque las cosas que hacía, no creo que pudiera hacerlas sin ayuda —comentó el desafiante.

—Cuando Dios te llama a hacer algo, Él se encarga de ofrecerte la ayuda necesaria para lograr su propósito. Y sí, seguramente este amigo recibía ayuda de lo alto.

—¿Cómo le habló Dios? —continuaba el desafiante.

—Dios habla con la Biblia —respondió el mayor.

—Tocaste un punto muy importante —respondí al mayor —. Este hombre vivía, luchaba y se esforzaba a diario por una causa: el amor a un código. Este código es la Biblia. Pero él mismo comenta que en un momento perdió el sentido de lo que hacía, por haber olvidado **el propósito del código**, que es *hacer que el hombre viva bajo sus principios no bajo sus reglas*. Igualmente nosotros, vivimos bajo el mismo código: la ley de Dios. No nos regimos por los mandatos, sino por los principios que están detrás de los mandatos. Por ejemplo, ¿qué creen que pasaría si yo engañara a su mamá con otra mujer?

—¡Yo me haría *Emo*! —respondió el desafiante.

Para aquellos que no estén familiarizados con el término, se trata de una tribu urbana caracterizada por estados emocionales depresivos. Los tres reímos por un buen rato.

—Tendrías una muy buena razón para hacerlo —respondí —, porque si yo, tu papá, rompo el código, te dejo sin sentido en la vida. Si lo analizan de fondo, verán que no existen rupturas de principios universales que carezcan de consecuencias. Siempre que el código se rompe, acarrea consecuencias. Y no sólo para aquellos que lo rompen, sino también para el sistema familiar completo. Si yo engaño a su mamá con otra mujer, rompo de inmediato el precepto de la ley de Dios que dice: "no cometerás adulterio". Pero de fondo lo que yo hago, al no obedecer el código, es romper el principio de fidelidad. Ahora, piensen en esto ¿cómo se sentirían si yo rompo el principio de fidelidad?

—Muy mal —respondieron ambos

—Entonces ¿por qué ustedes sí rompen el código? Porque también el código dice: "honra a tu padre y a tu madre", y ambos, últimamente le han faltado al respeto a su mamá en su manera de responderle. En la desobediencia, cuando ella les pide algo, rompen el código. Cuando ignoran sus recomendaciones, rompen el código. O cuando levantan la voz en contra de su madre, rompen el código. Con todo esto, ustedes rompen con el principio de la honra. Entonces creo que … ¡Yo me voy a hacer *Emo*!

Los tres reímos un buen rato. Pero, con todo el humor que el comentario pueda traer –sólo imagine a un *Emo* mayor de cuarenta años- la lección, había quedado en su mente.

El lector podrá advertir que en ese momento y por la actitud que ellos mostraban a su madre, pude aplicar los conceptos de la IDEA. Porque en *Amor* estaba *Instruyendo* sobre la conducta negativa que ellos mostraban a su madre y las consecuencias que esto les podría acarrear, lo que habla de la *Disciplina*. Al exponer mi propio caso, en el supuesto de que yo cayera en adulterio, inevitablemente me expongo como *Ejemplo* añadiendo que yo estoy sujeto al mismo código al que ellos están sujetos.

Utilice todo tipo de acontecimientos, eventos, películas, programas de TV, lo que suceda en la escuela, etc. y su creatividad para aplicar la IDEA. Bien dice la ley:

Y estas palabras que yo te mando hoy … las repetirás a tus hijos, y *hablarás de ellas estando en tu casa, y andando por el camino, y al acostarte y cuando te levantes*. Y las atarás como señal en tu mano, y estarán como frontales entre tus ojos, y las escribirás en los postes de tu casa, y en tus puertas. (Deuteronomio 6:6-9 énfasis en cursivas mío).

El amor al código debe llevarnos a vivir bajo sus principios, en obediencia a sus preceptos. Cuando logramos trasmitir esta clase de elementos a nuestros hijos, estamos marcando una impronta en su mente. Ellos, en el futuro, serán quiénes, por amor al código, querrán vivir bajo sus principios. Muy a pesar de que nosotros ya no estemos con ellos.

FOMENTAR LA UNiDAD ENTRE HERMANOS

La tendencia natural de los desafiantes es el aislamiento. Parecen deseosos del dolor y la desaprobación. Por lo mismo, pueden utilizar la más mínima confrontación o desencuentro familiar como excusa para aislarse. Los padres, debemos evitar a toda costa emitir juicio por esta clase de conducta y actuar en consecuencia. Porque se daría lugar a una secuencia evidente y aguda de separación entre padres e hijos, haciendo más pronunciadas las grietas en la relación familiar.

Los padres somos ante todo *conciliadores*. Somos los responsables de crear espacios de convivencia entre los hermanos. Allanamos el camino de la reconciliación y la paz en la familia. Propiciamos el ambiente necesario para la integración en el hogar. Fomentamos la amistad entre los hermanos. Esto, terminará por llevarnos a asegurar una plataforma sobre la que se construya el perdón y la reconciliación entre ellos.

Una mañana, todo marchaba sobre ruedas. Todos en casa desayunábamos en completa paz y armonía. El desayuno que mi esposa había preparado estaba realmente delicioso. Entonces sucedió. Mi hijo desafiante se servía cátsup y se excedió al servirse. Preguntó al resto de la familia:

—¿Alguien quiere cátsup?

El mayor respondió que él quería. El desafiante entonces le acercó su propio plato con aquella enorme montaña de cátsup. Su hermano de inmediato dijo:

—¡Qué asco! Dame la botella.

Ya puede imaginar la provocación que sintió el desafiante, que pronto alejó de su hermano la botella. El mayor al instante respondió forcejeando por la botella y justo ahí sucedió la desgracia. El desafiante, queriendo evitar que su hermano le quitara el cátsup presiona la botella cerca de él arrojando un buen chorro de cátsup en su propio rostro, cerca de su oído, embarrando su cara y provocando que entrara cátsup por su oído.

—¡¿Qué piensas imbécil?! —fue su respuesta inmediata-.

¡Todo ocurrió en un segundo! Tardará más en leer lo que acabo de narrar, que en lo que ocurrió. No pude hacer nada por evitar el desenlace. ¡En muy breves instantes se crean los grandes pleitos y las heridas emocionales! Todo se tornó en un silencio de sepulcro. Tres segundos de espera –de aquellos que parecen horas-. Todos, en la espera de mi respuesta. Yo, no respondí. Me limité a actuar. De inmediato me puse de pie y tomé un poco de agua caliente y algunas toallas de papel. Limpié la cara del desafiante, lo recosté en el sillón de la sala y le puse un poco de agua tibia en el oído para facilitar la limpieza. Y así inició el taller de facilitación de los espacios familiares y la aplicación de la IDEA.

—¿Te das cuenta de cómo hablas sin pensar? —Dije mientras le limpiaba el oído —te dejaste guiar por el impulso.

—¡Él fue el que empezó! —dijo con mucha frustración.

—Y tú respondiste sin pensar. —Le hice saber de inmediato. Necesito que me des espacio para que yo actúe.

—¡Pero tú no haces nada! —Ahora yo me volvía el problema de su reacción negativa.

—Te equivocas. El hecho de que no voy a actuar como tú esperas, no significa que yo no haga nada. Y ante esto, debes saber que no voy a complacer tus deseos de venganza. Ahora, quiero que te des cuenta de que si tú, después de la acción de tu hermano, no reaccionaras de manera impulsiva, me darías espacio para que yo lo disciplinara a él. En cambio, tus actos me obligan a disciplinarlo a él por su acción y a ti por tu reacción.

Volvimos a la mesa. Naturalmente él, se sentía muy molesto por lo acontecido. En silencio, terminamos el desayuno envueltos en una tensa calma. Al terminar, ante toda la familia, me limité a definir lo que acontecía. Lo dije ante todos, porque el evento sucedió frente a todos:

—Ambos actuaron de mala manera y tienen un problema que deben arreglar. Así es que los dos, se van a los columpios del jardín.

En casa hay un ventanal que da hacia el jardín en el que tenemos algunos columpios. Ese lugar es un punto visible desde todos los ángulos de la casa.

—Quiero que entiendan que, hasta que no lo arreglen, no tienen permiso de dejar ese lugar.

—¡No te va a funcionar papá, porque yo no quiero hablar! —dijo de inmediato el Desafiante.

—Ambos tienen un problema que deben solucionar y ya tienen edad para remediarlo entre ustedes. —Fue simple mi respuesta.

A regañadientes salieron y se sentaron en los columpios con una expresión evidente de molestia. El resto de la familia se dirigió a sus lugares. Yo me dirigí a la recámara a rogara Dios que ambos doblegaran su orgullo y pudieran solucionar el problema de la mejor manera. Creo que no pasaron ni cinco minutos cuando entró el mayor a la recámara y dijo que no estaba funcionando, porque su hermano no le hablaba. Y además, que él no deseaba estar ahí.

—No sé que se te ocurra, pero tienes un problema que debes resolver. Regresa a tu lugar —contesté yo.

Algunos cinco minutos más tarde regresó nuevamente el mayor y dijo que su hermano había abandonado los columpios. Bajé con él y efectivamente su hermano estaba en otro extremo de la casa tratando de alejarse lo más posible de su hermano. Busqué entonces una cuerda como de dos metros que tengo entre mis herramientas y me dirigí al jardín. Hablé al desafiante y le dije:

—¡Voltéate!

—¡¿Qué vas a hacer?! —preguntó asustado.

—Yo me limité a repetir —¡voltéate!

Con temor se volteó y yo até la presilla de su pantalón. Luego hice lo mismo con la presilla del pantalón del otro.

—Esta cuerda no se desamarra hasta que este problema se solucione. Si a alguno se le ocurre desatarla se va a meter en un serio problema conmigo.

Puede imaginar el cuadro. Realmente no sabía si funcionaría, pero tenía que intentarlo. Regresé a mi recámara y algunos pocos minutos después, llegaron los dos —todavía atados-.

—Ya lo arreglamos. Ya nos perdonamos. —Y sonreían de manera forzada mientras hablaban.

Claro que me estaban diciendo lo que aparentemente yo quería escuchar.

—Se están quedando en la superficie y no están llegando al centro del problema. Seguramente ustedes saben que esto no se ha resuelto. Así es que, regresen a su lugar.

—¡Ya te dije que esto no te va a funcionar porque yo no quiero hablar, no es momento! —Reaccionó el desafiante.

—¿Te das cuenta de que no está arreglado? —le aclaré —. No pueden soltarse hasta que lo arreglen

De fondo, sentía que estaba poniendo a prueba toda su paciencia y respeto hacia mí, pero necesitaba forzar todavía un poco más esa cuerda.

Salieron molestos, pero afortunadamente en obediencia regresaron a su "lugar de tormento". Algunos pocos minutos más tarde regresaron, y el desafiante dijo en tono condescendiente:

—Sé que si no perdono a mi hermano voy a permanecer atado a él y eso va a dificultar mi vida, porque no me permitirá ser libre. Creo que eso es lo que me quieres decir con esto.

—¡Me sorprende tu razonamiento! —le dije, mostrando mucho agrado ante lo que me decía —. De hecho, eso dice la Biblia: "perdona para que seas libre". Suena excelente tu respuesta, pero siento desilusionarte. No es el punto que deseo mostrarles con esto. Así es que, regresen a su lugar.

Confieso que esperaba no estar presionando demasiado. Ellos, salieron y de inmediato regresaron con una nueva estrategia, esta vez, tratando de meterme en el problema.

—¡Ayúdanos a resolverlo! —increpó mi hijo desafiante.

—Ese no es mi problema sino el suyo. No puedo resolverlo por ustedes. Pero, si puedo darles una pista. Se trata de una actitud. Y piensen en lo siguiente: *Ustedes se están enfocando a encontrar la manera de liberarse de la cuerda, cuando ese no es el problema.*

—¿Dices que se trata de una actitud? —dijo el mayor entrando en ese proceso reflexivo tan necesario en la educación.

—Así es hijo —le respondí tratando de mantener el interés que él mismo mostraba al preguntarlo.

—Pero ¿¡Cómo te vas a dar cuenta de mi actitud!? —Continuaba en su proceso de reflexión.

—Las actitudes no son acciones, pero se reflejan en ellas. La actitud es una manera de pensar que te lleva a actuar como lo haces. Mírense a ustedes mismos en su actitud hacia esa cuerda, queda claro que no la desean ni les agrada. Y eso se ve, en la manera en la que se refieren a ella y en cómo la sujetan —la cuerda permanecía tensa por la presión que ambos ejercían en sus extremos —. El problema no es la cuerda, sino su actitud hacia ella. Tratar de quitarla cuando no se puede, está siendo muy frustrante para ustedes. Pero si le encuentran el sentido de su existencia, les ofrecerá una nueva actitud.

—¿No debería importarnos estar atados? —respondió el desafiante mostrando una mucho mejor actitud.

—Creo que están muy cerca de descubrir la manera de liberarse. Sigan trabajando en eso. Es más, busquen la frase clave que muestre una actitud correcta ante la cuerda.

—¿Cuántas palabras tiene? —dijo el mayor.

—Cinco.

—¿Cuántas letras? —preguntó el menor.

—Esto es demasiado, pero debido a su mejor actitud, les diré que la primera y la segunda tienen dos letras, la tercera siete, la cuarta diez y la última cinco.

¡Tenía que ver ese giro en su actitud! Ahora estaban resolviendo un problema, **juntos**. Trabajando en equipo. Buscando la frase clave que les llevaría a la liberación. No tardaron mucho en descubrir la idea.

—¡No me importa permanecer atado! —Ambos me miraban con una sonrisa de satisfacción. Chocamos las manos como si hubieran anotado un punto en el último minuto del partido. Y en muy buena actitud cerramos el momento con una muy breve conclusión.

—Hay vínculos que no se deben romper. Que no se pueden romper, como el vínculo entre hermanos. Los hermanos no se eligen. Toda la vida serán hermanos y la actitud correcta ante este vínculo es: no me importa permanecer atado a ti, porque tú, eres mi hermano. Los felicito por haberlo resuelto. Ahora, sigue la disciplina: por su pésima actitud en el desayuno, todo este día tienen que "permanecer atados". No con la cuerda, no se preocupen, sino al ponerse de acuerdo para permanecer juntos. Todo lo que hagan el resto de este día, deberán hacerlo juntos.

—¡No hay problema! —dijo el desafiante —. ¡No me importa permanecer atado!

Se fueron a jugar básquet, porque al mayor le encanta este deporte.

Después llegaron a dibujar un rato –porque al menor le encanta el dibujo-. Bailaron un poco de *Break Dance* –ya que le gustan mucho las piruetas al menor-. Por la tarde hicieron un poco de ejercicio en el pequeño gimnasio que tenemos en casa y finalmente vieron una película. Evaluando el día, creo que logramos avanzar un paso más como familia. Pienso que de no haberse presentado esa oportunidad, nos hubiéramos perdido de ese valioso aprendizaje. Finalmente quisiera que observara que el límite de la aplicación de la IDEA, es la creatividad de quién la aplica.

EL VALOR DE PODER ELEGIR

Los padres debemos buscar liberar el poder de elección de manera paulatina. Un día tratando de ser yo más condescendiente, fuimos a comprar ropa. Mi hijo me había pedido unos pantalones entubados, cosa que, como comprenderá, con más de 40, no son de mi estilo. Accedí para ver qué sucedía. Los pidió a la demostradora, que traía unas mayas muy entalladas. La chica le mostró los pantalones más delgados que se encontró. Al verlos, primero le dije que parecían pantalones para su hermana, y le dije que le quedarían tan ajustados como a la demostradora. Hasta aquí ambos sonreímos. Se los midió, pero ... ¡el tiro medía como diez centímetros! Parecía trapecista de un circo. Se veía realmente mal. "Busquemos en otra tienda" fue mi sugerencia –tirando más a orden- En el siguiente lugar no encontramos ningún pantalón de su agrado. Fue cuando él pensó en comprar otra prenda, una sudadera. Parecía la pronta solución al dilema del pantalón entubado. "No tienes que comprar hoy, tómalo con calma, busca otras opciones." –Yo decía con el fin de poder salir bien librado-.

Ya en la salida de la plaza le llamó la atención otra tienda. Un demostrador hombre nos recibió con un pantalón *entallado,* no entubado.

—Mira papá, ese pantalón me gusta —me dijo mi hijo, en secreto.

Claro que se me retorció el estómago. Me armé de valor, tomé un poco de aire y le pedí al dependiente que nos mostrara los pantalones de *corte recto,* es decir, entubados. Nos mostró dos. Como era de suponer, ninguno le agradó.

—Un pantalón como el tuyo, ¿dónde lo encontramos? —Todavía me atreví más y le pregunté al demostrador.

—Aquí no lo van a encontrar.

Entonces, el mayor y yo nos alejamos a ver otras prendas. Mi hijo se quedó hablando con el sujeto. De pronto, mi hijo se acercó muy sigiloso a nosotros, riéndose.

—¿Qué crees papá? Me dijo el demostrador que ese pantalón no lo encontraríamos aquí, porque es un pantalón de mujer.

¡Puede imaginar el impacto que recibí! Salimos los tres de la tienda, riéndonos en silencio. Parecía divertido, pero todo cambió en un instante. De buenas a primeras, la alegría del desafiante se tornó en molestia. Como que la frustración le llegó de golpe.

—¿Estás enojado? —pregunté

—¡Claro! ¡Seguro que no querrás comprarme un pantalón entubado! —remató, expresando el mayor desacuerdo y enojo que ustedes logren imaginar.

Claro que los tres regresamos en silencio, frustrados, molestos, insatisfechos de que un momento de alegría se hubiera trasformado, tan de repente, en un silencio de sepulcro.

Ya en casa, le dije que se quedara en el auto. Claro que no podía dejar pasar esta oportunidad para explicarle lo que había sucedido. Es aquí cuando la instrucción debe entrar en acción. Haga a un lado todo el sentimiento y frustración del momento y aplique la IDEA con sus cuatro criterios. Éstos, deben ser aplicados de manera tan cotidiana como nos sea posible.

—Mira hijo. Primero, no nos merecemos, ni es justo, para mí ni para tu hermano esta actitud que has tomado con nosotros. Te esperamos, te acompañamos y porque tú no lograste tu cometido, te frustras y nos frustras.

Para entonces, su molestia iba en aumento. Lo veía en su rostro.

—Si lo prefieres —continué —, de ahora en adelante nosotros elegimos tu ropa y tú simplemente usarás la ropa que tu madre y yo elijamos para ti. Sabes que tengo la autoridad para hacerlo.

Doblegó por un momento su orgullo y dijo:

—Lo que pasa, es que tú quieres controlar mis gustos.

Creo que este es el momento en el que los hijos abren la posibilidad del diálogo, le sugiero que no lo cierre, polarizándose con él. Tratando de obligarlo a aceptar sus conclusiones e imposiciones de autoridad. **No** pierda el objetivo, **no olvide que no está luchando contra él, sino por él**. Y como ese era mi momento para instruir, le dije:

—Mira hijo, la moda es hacer cada vez *menos notoria* la diferencia entre la ropa de los hombres y las mujeres. Esta es la idea de algunos diseñadores. Y considera si tú deseas darle publicidad a la moda unisex.

—¿Me estás diciendo que soy gay? —respondió molesto.

—No hijo. Y me disculpo si esto fue lo que te hice entender. Lo que yo te digo, es lo mismo que el demostrador te dijo. Sin pena te confesó: "el pantalón que tengo es de mujer". Nosotros no damos publicidad a la moda unisex. Los pantalones entallados son meramente femeninos, no masculinos. Y no es cuestión de moda, como algunos quieren dar a entender. Es ropa abiertamente de mujer. Los pantalones de corte recto o entubados como tú les dices, lucen muy masculinos. Y ya es cuestión de gustos que cada persona puede elegir. Yo no voy a controlar tus gustos, pero tampoco permitas que los diseñadores de modas unisex te controlen en la libertad más importante de tu vida: *La libertad de decidir*. No permitas que llenen tu mente haciendo ver como normal o como de moda lo que *ellos* digan que está de moda. Porque no olvides que, lo que muchos de ellos desean, es borrar la diferencia en la forma de vestir entre el hombre y la mujer.

Para entonces mi hijo ya estaba tranquilo y abierto a la plática. Así es que, terminé por hacer práctico el plan.

—Muy bien hijo, este es el trato. Yo no voy a elegir tu ropa y tú no te vas a cerrar a la opinión de tu padre. Si yo veo que la ropa que pretendes vestir, tiene algo extraño, quiero tener la confianza de decírtelo y tú lo vas a considerar sin cerrarte. Sin bloquearte. Como cuando elegiste los dos últimos pantalones que compraste, de estilo gótico y de corte recto. Te dije que me parecían muy excéntricos, sin embargo me abrí a la posibilidad de la compra y me di cuenta de, que en ese caso, sí era cuestión de moda y estilo. Y no solo te lo permití, sino que me di cuenta, que yo estaba equivocado y que en efecto, lucías muy bien. Así es que, está en tus manos. Qué dices ¿aceptas el trato?

Afortunadamente aceptó el acuerdo. Pero estoy seguro de que solo es cuestión de tiempo para encontrarnos en la misma encrucijada. Y que tarde o temprano, llegaremos nuevamente a esos puntos tan álgidos. Le animo a que no pierda estas oportunidades que son de oro. Son momentos para la instrucción, la disciplina, el ejemplo y el amor.

Las enseñanzas erróneas de la vida permean el universo de nuestros hijos.

Y aquellos padres que deseamos marcar la diferencia, tendremos que lidiar continuamente con escenarios como el que acabo de narrarle. Le sugiero que controle su frustración y su enojo. No pierda el control. Le animo a que libere el poder paulatinamente. El asunto de los gustos en el vestir es un taller enorme de aprendizaje en el que se puede aplicar la IDEA. No se burle del gusto de sus hijos, por el contrario, permanezca abierto a los cambios que no lesionen los valores que sostienen a su familia.

NO ME EXCLUYAS

Comenzaba a notar que mi hijo cubría su cabeza de manera constante con una gorra o con la capucha de la sudadera. Algo no andaba bien. Sabía, como seguramente usted muchas veces lo ha presentido en su propio hijo, que me ocultaba algo. Y si me atrevía a señalar lo de su capucha, de inmediato se irritaba y exigía no ser descubierto.

Una noche me acerqué a su cama para agradecerle por la buena conducta que había mostrado ese día. Recuerdo que ese día mi esposa me había dicho que se había portado muy bien, que no había rezongado ni peleado con sus hermanos. Me gusta acercarme a él no sólo cuando algo anda mal sino también cuando hace algo bien. Me dirigí a su recámara.

—¿Sigues despierto? —pregunté.

—¿¡Y ahora qué quieres!? —Su respuesta me dejó sin aliento. Ni siquiera descubrió su cara ... me partió el alma.

—Nada hijo, descansa — respondí y simplemente me alejé sin decir nada más.

En silencio en mi recámara contenía la frustración tan intensa. Creía que debía alejarme de él, que estaba dejando que me controlara. Que finalmente él se estaba saliendo con la suya. Que lo que me ocurría, no era justo. Que yo llegaba cansado del trabajo y hacía un esfuerzo grande en conectarme con él, pero él, simplemente ¡ni destapaba su cara! A pesar de que me dolía el estómago de coraje, en el fondo, debía admitirlo. Estaba lastimado. Estaba asustado de pensar que estaba perdiendo a mi hijo, que él me estaba excluyendo de su vida. Meditando en esto las preguntas continuaban ¿Qué estoy haciendo mal? ¿Estaré presionando de más? Pero ... ¿qué pasa? Me descubrí llorando. Profundamente lastimado. Sintiendo lástima de mí. Conmiserado. No podía evitar el curso de introspección que mi mente hacía.

La conmiseración llega cuando miramos hacia nosotros mismos y no hacia los demás. Para poder salir de aquel espiral depresivo, es necesario hacer un cambio en el foco de atención —nosotros- y lograr mirar desde otro ángulo. Lo mejor estaba por llegar cuando al hacer un cambio de roles, pude identificarme como hijo en mi relación con Dios. Y hacer una evaluación a consciencia del papel que había jugado delante de Él en los últimos días.

-"Creo que justamente es esto, lo que yo te estoy haciendo a ti, Dios mío, Padre mío ... Ahora sé lo que tú sientes por mi conducta distante. No me he tomado el tiempo necesario para leer tu Palabra y así recibir tu consejo. Liberar presión y no sentirme solo. ¡Perdóname Señor! Ahora entiendo mi conducta contigo. He estado muy distraído con mi propio hijo y he descuidado mi relación contigo. Por eso me siento solo y conmiserado".

Creo firmemente que cada cosa que ocurra en nuestras vidas, es una lección. Una llamada de atención para elaborar un cambio. Una posibilidad para mejorar ¡Jamás deje su vida espiritual! Es la vida espiritual (no religiosa) la que puede sostenernos ante las diferentes situaciones difíciles que los padres experimentamos con nuestros hijos. La vida espiritual yo la entiendo como la relación personal que usted tenga con Dios, de ahí que aclaro que no se trata de la expresión religiosa que es respetable desde su muy particular punto de vista. Hable con Dios. Refúgiese en su consuelo. Regrese una y otra vez a su creador y tome el consejo que él le da. En mi caso, el consuelo tardó en llegar, pero finalmente pude conciliar el sueño. Dejé pasar algunos días y por la noche del sábado, hice un nuevo intento. Mi hijo estaba dibujando. Me senté a su lado y con franqueza le dije:

—Hijo, dame un minuto. La otra noche te pasaste con tu respuesta. Debes saber que antes de ir a tu recámara le había preguntado a tu mamá sobre tu conducta de aquel día, y ella me dio tan buen reporte, que yo no podía dejar pasar el momento y agradecer la manera en la que te habías comportado. Quería estar contigo y orar juntos como lo hemos hecho otros días. Sin embargo, me lastimaste profundamente con tu respuesta. Siento que me estas excluyendo de tu vida. No lo hagas. Eso me lastima.

—Sí papá, me sentí muy mal —me respondió —y pensé en ir a tu recámara a disculparme contigo. Lo que pasa ... es que siento que no me dejas libre.

—Háblame de esto. ¿Crees que estoy presionando de más? —pregunté.

—Es que hay cosas que no te he dicho. Pero no creo estar listo para decirlo. Aún que también me doy cuenta de que me siento peor si no hablo de esto contigo.

—Si no crees estar listo, yo lo respeto. Y si quieres intentarlo, cuenta conmigo.

—Y … ¿Si mejor tú me haces preguntas? —me dijo él —y yo te digo si se trata de ese asunto o no.

—Como tú quieras —respondí —¿Has dado rienda suelta a tu lenguaje?

—¡Uff! Pero claro ¡Eso está fácil! —respondió de inmediato, lo que implicaba una invitación para ir más profundo.

—¿Has tomado o fumado? —Guardó silencio por un momento y se agachó asintiendo con la cabeza

—¿Has fumado mariguana?

—No. Bueno, no con estos amigos. Pero en García —su escuela anterior — lo hice una vez. Pero no me gustó y ese nunca ha sido un problema para mí.

—¿Quieres que continúe con las preguntas?

Asintió.

—¿Has tenido acercamiento sexual con alguna chica?

—No tengo novia, pero … hay una amiga que … bueno … es *muy dejada* ¿me entiendes? —Apenado trataba de explicarme.

—Claro

Era el momento de ser breve con mis intervenciones y permitirle que él hablara.

—He visto cómo se lleva con mis amigos y lo que le hacen. La manera en la que la abrazan. Yo sólo los miro. Pero después, ella se acerca a mí … tú sabes … yo la respeto, creo que por eso se me acerca. Ella me escribió una carta. —De inmediato se levantó, la buscó y me la mostró — ¿Qué ves en ella?

—Creo que es una chica sensible y muy tierna. Lo curioso es la mezcla de símbolos. El dibujo es una declaración de amor con una mezcla de curiosidad, experimentación e inocencia. Es seguro de que ella te quiere —afirmé.

—Su carta me hizo sentir muy feliz. De hecho, cuando estoy fumando ella me mira extrañada y yo de inmediato tiro el cigarro —puede imaginar lo que yo sentía al oír esto, pero guardar la compostura, es muy necesario. No cierre la puerta cuando se abre —Hemos tenido acercamiento... tú sabes.

—¿Sexual? —Le pregunté para permitir el flujo del asunto.

—No hemos tenido relaciones... Pero nos hemos acercado demasiado y tengo miedo de perder el control —confesó reflexivo.

—Hijo ... ¿por qué no me habías platicado nada de esto?

—Tengo temor de que me prohíbas a mis amigos.

—Hasta ahora, no lo he hecho. La razón de esto, es que no tendría sentido hacerlo. Si tú no haces el cambio de manera voluntaria, no lograría nada si yo lo hiciera por ti. Si tú no te cuidas y pones límites a ti mismo yo no te puedo cuidar de manera permanente. Así es que no pierdas este contacto con tu papá. No me excluyas de tu vida. Esto es muy importante, principalmente cuando llegan esta clase de temores. Jamás olvides que yo estoy para acompañarte cuando las presiones aumentan.

Por el momento, logramos un mejor entendimiento y la apertura al tema sexual. Muy al principio de este libro, le decía que los hijos desafiantes buscan ser el primero en muchos asuntos en la vida, principalmente los que ellos consideran estimulantes, como puede llegar a ser el asunto sexual. Lo que yo no sabía, era que apenas contemplaba la punta del iceberg. Una fuerte tormenta se aproximaba con esta chica. Lo que hasta ese momento acordamos fue: no me excluyas.

REVELAR SECRETOS

Poco tiempo después de la sorpresa anterior que le narré, mi hijo comenzó a salir con mucha mayor frecuencia. Hay un parque cerca de nuestra casa, y ahí, decía que se reunía con sus amigos. Pero poco a poco se revelaron las razones principales que le llevaban a ese parque. Se trataba de la misma chica enamorada. Los cambios se hicieron evidentes en la conducta de mi hijo. Comenzó a cubrir su cabeza nuevamente con la capucha, se dejó crecer el cabello, se puso un *expansor* en la oreja, se puso un *piercing* en el labio, renegaba con más fuerza y frecuencia con su mamá, se hizo más reservado y notaba que mentía con mayor facilidad y frecuencia.

Cada noche, al llegar de mi trabajo mi esposa y yo salíamos a caminar al mismo parque. Pues esa noche nos esperaba una sorpresa. Mi hijo le había pedido permiso a su mamá de salir con sus amigos y resulta que lo encontramos en el parque ¡Besándose con la chica!

Al siguiente día le recordé que tenía 13 años y que no tenía permiso de tener novia. Le pedí que se cuidara. Que si quería hablar al respecto, yo estaba dispuesto. Platicamos, pero esta vez, no logré llegar al centro del asunto. Lo sentí reacio a abrir el corazón. Decidí alejarme y darle un tiempo.

No terminaba la misma semana, era viernes y él comenzó a usar una bufanda. Es cierto que hacía frío, pero su actitud era muy sospechosa porque no se quitaba la bufanda ni en su recámara. Y en un descuido, noté que tenía un morete (chupete) en el cuello. Las cosas avanzaban de prisa con la niña. Era el momento de hacer algo más enfático. Bien recuerdo que esa misma noche, platiqué con mi esposa. Le conté lo sucedido y le pregunté:

—¿Crees que ha llegado el momento de revelarle algunos de mis secretos a mi hijo?

—Es difícil de saberlo, pero confío en ti. Sólo te pido que cuides su corazón. —Fue la respuesta de mi esposa-.

Ambos terminamos pidiendo la guía de Dios para tratar este asunto con nuestro hijo. La mañana del siguiente día -que era sábado- lo invité a desayunar. Después del desayuno, yo abrí mi corazón.

—Hijo. Ahora soy yo el que quiere hablar contigo. Anoche hable con tu mamá sobre lo sucedido y ambos acordamos que ha llegado el momento de que sepas algunas cosas sobre mi pasado. Debes saber que tu madre me pidió, que ante todo, cuidara tu corazón porque ella te ama. Y yo, confío plenamente en ti. Así es que creo que es momento de hablarte de mi pasado.

Comencé por platicarle mis secretos respecto a mi experiencia de joven con las mujeres. Experiencias que me dejaron un mal recuerdo por las heridas que yo había dejado en el corazón de algunas de ellas. Le confesé que no había manejado las cosas de buena manera. Que a pesar del consejo de mis padres, no había hecho caso y que mi rebeldía me llevó al colmo de irme de mi casa. Le comenté, que antes de mi partida, mi madre me había recomendado leer tres capítulos de la Biblia, que son: Proverbios 5, 6 y 7. Le dije que los leería, cuando ni siquiera planeaba abrir la Biblia.

—Sabes hijo, llegué muy hondo en mi ceguera. Estando solo, viviendo en la frontera, recordé aquel consejo. Conseguí una Biblia y leí aquellos capítulos. ¡Pude ver mi estilo de vida proyectado en aquel pasaje! Aquellos capítulos me describían tal cual me había comportado en los últimos años. Por mi egoísmo sufrí e hice sufrir a las personas que convivieron conmigo. Y ahora que soy padre me dolería mucho verte en aquellas mismas circunstancias que yo experimenté, porque tú llevas los mismos pasos que yo llevé.

—Has cambiado —yo continuaba —mientes con frecuencia y te has vuelto mucho más agresivo. Me recuerdas tanto a mí en aquel tiempo … me temo que la chica te está enredando. Con toda confianza hijo, háblame de ella.

La chica tenía ya 15 años, era dos años mayor que él. Finalmente, creo que fue mi apertura la que facilitó el proceso de conexión. En silencio, simplemente sacó de su bolsa un dibujo y me lo mostró:

—Este dibujo lo hizo para mí. Me gustaría que me dijeras ¿qué dice el dibujo sobre ella misma?

Tomé el dibujo y lo observe por un momento. La expresión en sus rostros. Sus posturas. La dirección de los brazos. Sus manos. Cada línea. Cada trazo.

—El dibujo es muy creativo y revelador. La chica tiene habilidad para el dibujo. Debes saber que las chicas en esa edad, son transparentes en la manifestación de sus emociones. No les es posible ocultar lo que sienten, lo exponen en sus creaciones. Lo que ellas son, lo proyectan. Lo que hacen y lo que piensan, lo reflejan en sus manifestaciones artísticas. Primero, observa la figura de ella. Porque así, ella se percibe a sí misma y así se proyecta. La figura femenina es ambivalente. Es una mezcla de inocencia y agresión. Tiene una máscara de inocencia, pero es una figura erótica o sexual. Su cuerpo refleja sus deseos. Compara la figura que te representa a ti y pon especial atención a la manera en la que ella te percibe. Compara ambas figuras. Tú estás delineado en curvas armónicas y ella está llena de aristas. Los picos hablan de la agresividad. Su figura no tiene pies, lo que manifiesta inestabilidad. Tú tienes los pies en firme sobre la tierra, porque así te percibe. Ella está llena de dudas sobre ti. Mira los signos de interrogación (*??*) y a ti te percibe seguro hacia ella, mira los signos de admiración (*¡¡*). Lo que los une es el "amor a primera vista", lo que también puede hablar de lo efímero que le resulta la relación. Ahora, mira la figura de ella y añade otra figura de este lado —puse mi mano en el lado derecho de la hoja, al lado de la figura femenina —podrás observar que sus manos se dirigen hacia el lado opuesto a ti. Como deseando *aquello* y a ti te da la espalda. Lo que bien podría significar que tiene serias dudas entre decidir sobre ti y lo que tú le representas, estabilidad, certeza, pasividad, etc. y entre la otra figura, no presente en el dibujo, que puede representar las cosas opuestas: pasión, aventura, el placer del momento, etc.

—Los datos, en su conjunto —continuaba yo ante la mirada sorprendida de mi hijo —me pueden llevar a suponer muchas cosas fuertes, como pueden ser: actividad sexual prematura, inestabilidad, agresión, infidelidad, engaño, uso de drogas o alcohol, etc. Por otra parte, no te olvides que es una figura ambivalente que combina la agresión y la inocencia. Se cubre de una máscara de inocencia, pero tiene muchas aristas que exponen su agresividad. Es una chica agresiva. Por la falta de pies, se nota que ella es muy inestable, sin fundamento. Pero te percibe a ti con los pies en firme, en la tierra. Firme, pero a la vez te ve como una figura inocente e inofensiva. Te da la espalda y extiende sus brazos hacia lo que tiene delante. Yo creo que se trata de otra persona o de su vida inestable que ella disfruta. Con franqueza te digo, espero no haberte desilusionado respecto a ella. Pero cuídate hijo, porque creo que tú eres su próxima víctima.

Mi hijo guardó silencio un momento, arrugó el papel y lo arrojó a un rincón de la mesa. Y fue así, como llegaron las revelaciones en avalancha.

—Sabes papá, me impresiona todo lo que me puedes decir de ella con un simple dibujo. Muchas cosas que me muestras ya sucedieron. Ella es dos años mayor que yo, tiene 15 y yo 13. Ella me platicó que ya tuvo relaciones sexuales. Me dijo que su ex-novio la engañó y que fue así como empezó su actividad sexual. Ahora que mencionabas sobre el posible uso de drogas, ella ha usado marihuana un par de veces y el viernes pasado llegó borracha a la casa con otra amiga. Yo mismo las llevé a su casa. —A estas alturas, podrá imaginar que la sangre se me bajó hasta los pies. Pero no podía perder la compostura, su corazón se estaba abriendo —. La casa estaba sola. Yo las dejé y me retiré de inmediato —Creo que respiré por un momento —. Me he sentido muy celoso por lo que hace. Un día subió una foto al *Facebook*® y tenía una blusa que mostraba todo. Y me mandó un *in-box* —un mensaje personal— que decía

¿qué harías conmigo si me tuvieras a solas cinco minutos? Después me enteré que la misma foto y el mismo mensaje los había mandado a otros tres amigos míos. Yo le reclamé, y ella dijo que simplemente eran sus amigos. Ahora que mencionas las dudas que tiene sobre lo que yo le represento, ella me lo ha dicho. Me ha dicho muchas veces que no quiere renunciar a la libertad que tiene y eso me deja muy mal cada vez que lo dice. Me da pena decirte, pero se enoja mucho conmigo y me agrede físicamente. Cosas *simples* como empujones, rasguños y golpes en los hombros.

—Hijo, esta chica seguramente ha sufrido mucho en su casa y en la calle. Lucha con la desilusión, el abandono y el desamor. Se ve en una búsqueda constate de aceptación y aprobación. Pero, por favor hijo, cree lo que te digo. Tú no puedes ayudarle. Sólo terminarás en el mismo camino de ella. Es mucho más fácil que ella te arrastre a su mundo, antes de que tú le lleves al tuyo. Seguro esta chica no tiene una familia estable. Lo sé, porque estas conductas son típicas de las niñas que carecen de una guía familiar sana. Son chicas que han sufrido del abandono paterno o viven de manera constante sumergidas en un conflicto materno. Su vida puede resultar tan difícil que buscan un poco de alivio al dolor psicológico en el amor de los hombres.

—No sé lo que pasó con su papá —mi hijo respondió —pero él no vive con ellas. Sólo están su mamá y ella. Y su mamá nunca está en casa. Siento feo pensar en todo lo que ha sufrido.

—A pesar de que ella hubiera sufrido mucho, no eres la persona indicada para sacarla de ahí. Y debes ser muy astuto en aprender a no caer en los enredos que traen las personas. Cuidar de ti mismo, es tu prioridad. La chica no es necesariamente mala, solo que ella responde a sus impulsos internos. Si ella te platicó sobre su actividad sexual, no es para que la consueles y le ayudes a tolerar el dolor y el sufrimiento. La única razón es que te está preparando. Por lo mismo, te ha llevado a extremos en los que la relación se vuelve cada vez más intensa. Te está haciendo experimentar emociones en las que no lograrás mantener el control, como el enojo, la inseguridad y los celos. Ahora que escucho lo que tú me has confiado, debo decirte con plena certeza, que tú eres su próxima víctima. Y el proceso de seducción, ya ha comenzado. La invitación a la casa, tomar alcohol, las fotos seductoras, los temas de conversación, los besos apasionados y los "chupetes" en el cuello te están enredando poco a poco hasta el punto en el que ya no puedas salir bien librado. Estas en un verdadero peligro.

—¿Qué puedo hacer para cortar la relación? —me preguntó con un auténtico sentimiento de profunda comprensión de lo que pasaba.

—Bueno, de pronto se me ocurren dos alternativas. La primera –que resulta ser la manera más recomendable- es que salgas de la relación hablando con la verdad y manteniendo la dignidad. Con franqueza, puedes decirle: "he tratado de asimilar el asunto de las fotos de Internet y los comentarios que hiciste a mis otros amigos y no se me hace justo para mí. Creo que tenemos expectativas diferentes sobre nuestra relación. No estoy dispuesto a continuar así. Prefiero que no se pierda la amistad y continuemos tratándonos en la escuela como compañeros de clase. Dejemos así las cosas, yo prefiero terminar la relación". La otra alternativa, que no es muy recomendable porque no confrontas el conflicto real de la ruptura, es que te limites a obedecer a los límites que yo, como tu papá, te he puesto. No tienes permiso de tener novia y tienes estrictamente prohibido entrar a la casa de ella. Estos límites van a hacer que sólo puedas verla en la escuela. Y si en la escuela te limitas tú mismo a verla solo tres días en la semana durante los recreos, y los otros dos días tienes tiempo con tus amigos, por el perfil de la chica, sé que la relación no durará un mes y ella misma te va a cortar. Lo que decidas hacer, tómalo como aprendizaje para tu vida y no olvides que cuantas conmigo.

Finalmente mi hijo decidió por la segunda alternativa y la relación, en efecto, no duró más de dos semanas y se disolvió. A la tercera semana, mi hijo me contó que se la había encontrado en una esquina, muy agazapada de otro muchacho.

No conozco a la chica, pero creo que en efecto, ella sufre del mismo trastorno del desarrollo que mi hijo. Y si no lo padece, sí sufre de la "fiebre" de esta generación de mujeres. Las chicas de hoy en día, se vuelven cada vez más un asunto serio. Son más sensuales y atrevidas en su manera de comportarse. La edad para el inicio de su actividad sexual ha disminuido cada vez más. También estas chicas, compiten con los hombres en el alcoholismo, y ya no le temen al uso de las drogas.

Creo que los peligros a los que se enfrentan nuestros hijos e hijas en esta generación son mucho más intensos de lo que usted y yo pudimos haber experimentado en nuestra época. Será mejor que no les demos la espalda.

AYUDA A QUE TU HIJO RECUPERE EL CONTROL
Y LE DÉ SENTIDO A SUS IMPULSOS

EL CAMINO DE LA RECUPERACIÓN

El camino de la recuperación por el que debe transitar una familia en la que se descubre a uno de sus miembros con Negativismo Desafiante, es un proceso largo y penoso. Similar a un camino empedrado, lleno de baches, curvas y en subida. Requiere de la paciencia y constancia de cada uno de los miembros de la familia. No se desanime. El proceso dará su resultado en su momento. Es fundamental que los padres de familia no perdamos la esperanza de un mejor ambiente familiar en el hogar.

Aprenda a ver el Negativismo Desafiante como lo que es: *Un trastorno en el desarrollo*. No lo vea como una enfermedad. Si usted percibe este trastorno del desarrollo como una enfermedad, seguramente querrá "sanar" a su hijo, lo que a su vez le garantizará la frustración natural de ver que sus conductas son repetitivas y sus malos actos son recurrentes.

Para explicar mejor lo anterior piense que a su hijo le falta un brazo. Si tuviera ambas extremidades podría llevar una vida completamente normal, pero, bajo semejante circunstancia, la solución será adaptarle una *prótesis* que supla las diferentes funciones que debería realizar su brazo faltante. En la medida en la que él logre acoplarse al uso de la prótesis mejorará notablemente su calidad de vida, logrando así llevar una vida completamente normal.

Lo mismo sucede con el Negativismo Desafiante. A su hijo le hacen falta elementos básicos como aceptar someter su voluntad a la autoridad de alguien, capacidad para reconocer sus errores, sentido común para controlar sus reacciones e impulsos, sensibilidad suficiente para identificar y pensar en las necesidades de los demás y otras tantas habilidades interpersonales. El resto de los niños, en una condición normal, nacen con una buena cantidad de sentido común y pronto lo desarrollan mejorando sus capacidades interpersonales de adaptación social.

Esto no sucede con el desafiante, quién nace con pocas capacidades de adaptación a las reglas naturales de la vida. Por lo mismo, los padres, debemos luchar por encontrar y adaptar, por medio de tratamientos como el que tiene en sus manos, una *"prótesis psicológica"* que le ayude en su proceso de integración interpersonal, para lograr así mejorar su propia calidad de vida y la de las personas que le rodean.

Por todo lo anterior, en esta nueva sección, pretendo ofrecerle ciertas recomendaciones que facilitarán el proceso de integración de la familia al tratamiento del Negativismo Desafiante de su hijo. Le recuerdo que cada recomendación requerirá de una buena cantidad de esfuerzo y constancia para poder disfrutar de un cambio real en su núcleo familiar.

NO SE DÉ POR VENCIDO

Los padres de los niños con este trastorno del desarrollo, vivimos como en una montaña rusa. En ocasiones nos encontramos en la cumbre y hasta llegamos a fantasear que hemos ganado la batalla y que hemos logrado erradicar "el mal" de la familia. Pero al siguiente día nos encontramos con la sorpresa de que estamos en las profundidades del desánimo porque nuestro hijo ha vuelto a las andadas. En esos momentos tan sombríos creemos que nada ha valido la pena, que nuestros esfuerzos han sido inútiles y que los pleitos en casa jamás terminarán.

Los padres que tenemos hijos desafiantes jamás debemos perder de vista que es natural que la vida en familia tenga de por sí sus altibajos. Y si en un sistema familiar normal o típico es natural que estas diferencias existan, imagine en aquellos hogares en los que se tiene que lidiar con un trastorno del desarrollo de esta naturaleza.

Mi recomendación ante todo, durante el tratamiento del trastorno, es que usted tenga conversaciones con Dios. Cuando se encuentre en esos estados profundos de tristeza y desesperación, clame a Dios. No hable con su vecina, ni con sus hermanos o con cualquiera otro de sus parientes. En primera instancia entable una profunda conversación con Dios. He atestiguado lo efectivo de estas pláticas. Nadie le va a comprender mejor y nadie le ofrecerá el consuelo que usted necesita. Si acude a sus parientes, le van a juzgar. Si busca a su compadre le va a aconsejar lo que usted ya sabe. Sus amigos no le van a comprender. Y lo peor de todo es, que cada persona, le va a aconsejar diferente. Cada persona aconseja de acuerdo a su experiencia. Por lo mismo, sus recomendaciones también, van de acuerdo a su propia historia. Si fueron golpeados dirán, no les pegues. Si no fueron atendidos le dirán, pasa tiempo con ellos. Si tuvieron un hermano así, le dirán que usted es muy blandito con su hijo, que debe ser más estricto. Si el sujeto tiene algo contra usted, le dirá que estas cosas responden a nuestro pasado y que algo deberá estar pagando. No necesariamente son malas recomendaciones, simplemente no todas son objetivas, sino tendenciosas. Finalmente lo único que harán es confundirlo porque cada persona opinará diferente.

Volviendo a los episodios frustrantes, personalmente, me pegan al doble, porque se supone que yo soy "el experto". Así es que, podrá imaginar lo que pasa por mi mente después de aquellos episodios que más parecen guerras campales. Imagíneme en mi consultorio después de que en la mañana he librado una de esas batallas en las que mi hijo, con sus palabras, me deja tembloroso, agotado, cansado y mal herido. Ahí estoy en compañía de mi soledad, en la espera del siguiente paciente. Repasando en mi mente lo que me dijo y lo que yo le respondí. Esforzándome por encontrar la mejor respuesta y llegando siempre al mismo punto: experimentar un importante grado de auto conmiseración.

Ese día ... tuve una profunda conversación con Dios. Como mi siguiente cita no llegó, tuve suficiente tiempo para entablar esa "plática" que me motivó desde la raíz. Era un viernes por la tarde. Recostado en mi propio diván, Dios—mi terapeuta—elaboraba las preguntas. Sólo fueron dos preguntas que me cimbraron en lo más profundo de mi ser. Yo, profundamente frustrado, inicié mi charla interior. Mi charla con Dios.

—Dios mío ¿por qué me pasan estas cosas a mí? ¿Qué he hecho mal? Tú lo viste y escuchaste todo lo que me dijo ... Conoces su corazón y puedes ver sus más profundas intenciones ... ¡No me merezco este trato!

—Creo que sé de qué estás hablando —responde Dios —. Debes sentirte muy frustrado con lo que te pasa con tu hijo.

—¿¿Frustrado?? —respondo casi a punto de levantarme del diván— ¡Creo que es una palabra muy leve para lograr describir lo que siento!

Sin embargo Él, con aquella tranquilidad que le caracteriza, me lleva a la reflexión al preguntarme, casi afirmando:

—¿Estas cansado?

—¡Yo diría que a punto de tirar la toalla! —contesto conmiserado.

—Claro hijo. Las cosas muchas veces no salen como tú las planeas. Sé que haces un esfuerzo notable para ser un mejor padre de lo que fue tu propio padre y que las palabras de tu hijo, pueden sonar muy injustas. Sabes ... creo que no te mereces este trato y me gustaría, ahora mismo mostrar mi amor por ti, planteándote dos simples preguntas. No te olvides que yo soy Dios y que nada hay imposible para mí. La primera pregunta es: si hago volver el tiempo atrás, antes de que tu hijo naciera y te diera a escoger qué hijos nacerían ... ¿A quién elegirías para que naciera?

—¡Vaya que sabes plantear preguntas que van hasta la médula! No necesito pensarlo, definitivamente lo elegiría a él —le respondí con mucha determinación.

—Bueno —continuaba Dios —. Piensa bien lo que has de responder a mi siguiente pregunta. Ya que elegiste a cada uno de tus hijos, incluyendo a tu hijo con este trastorno del desarrollo que ustedes llaman Negativismo Desafiante, ahora la cuestión es: si hago que el tiempo vuelva atrás y te ofrezco quitarle ese carácter que tiene ¿lo aceptarías?

—Debo confesar que esta pregunta suena interesante. Mi hijo el de en medio ¿sin ese carácter tan fuerte?... pero, ¿sabes Dios?... *dejaría de ser él*. Creo que ya te entendí ¡Gracias Dios! Dame por favor a mi hijo desafiante y no le quites nada, mejor dame mayor paciencia para vivir un día a la vez.

Este tipo de "charlas" logran reubicarnos de inmediato. Creo firmemente que pedimos cosas a Dios, sin entender realmente lo que estamos pidiendo. Luego, nos quejamos porque no recibimos respuesta, por lo menos la respuesta que nosotros deseamos.

Aclaro que estas preguntas salen de mi mente. Lo digo por si alguno llegó a pensar que Dios visita de manera visible mi consultorio para charlar, después de todo, usted podría esperar casi cualquier cosa de un psicólogo. Esas preguntas que surgen de mi mente, son producto de conocer la manera en la que Dios piensa y actúa. Es simple. Converse con Dios de una manera real. Lea su Palabra. Todos los días tome la Biblia, y lea algunos 15 o 20 minutos y logrará mantener una conversación diaria con Dios.

El segundo capítulo de aquella escena se dio por la noche. Los viernes, tenemos el hábito de cenar juntos en la calle. Caminamos algunas cuadras de nuestro domicilio para llegar a la fonda en la que, cada viernes, rompemos la dieta. Tenemos nuestra noche mexicana: zopes, pozole, taquitos, enchiladas, quesadillas, atole, etc. Esa noche, camino a la fonda, me acerqué a mi hijo.

—Sabes hijo, tengo que platicarte lo que hoy me pasó. Tuve una conversación profunda con Dios. Y hablamos de ti.

—¡Qué bien! Y ... ¿qué te dijo de mí? —contestó bromeando.

—¿Recuerdas lo que pasó ayer por la tarde? Nos diste un día fatal porque te comportaste realmente mal.

—¡Ah! ... Eso. Si me acuerdo. —Casi se le cayó la sonrisa al responder.

—Pues yo estaba muy triste y me sentía realmente mal. Por cierto, días como ese, me mandas al consultorio muy aturdido y lastimado. Creo que me estaba quejando con Dios y él me mostró lo que me ama con dos preguntas que me hizo. Su primera pregunta fue: si hago volver el tiempo atrás, antes de que tu hijo naciera y te diera a escoger qué hijos nacerían ¿a quién elegirías para que naciera?

— Y ¿qué dijiste papá? —preguntó con mucho interés.

—Sabes hijo, sin pensarlo, te elegí a ti.

—¿A mí sólo? respondió con una sonrisa de satisfacción en su rostro.

—¡Claro que no! Te elegiría a ti y a cada uno de tus hermanos. Esta primera pregunta me reafirmó mucho en los sentimientos que tengo hacia ti. Te quiero mucho hijo. —Su cara dejaba ver el gusto que le daba mi respuesta.

—Y ¿qué hay de la segunda pregunta? —Con mucho mayor interés comentó.

—La segunda pregunta de Dios fue: si hago que el tiempo vuelva atrás y te ofrezco quitarle ese carácter que tiene ¿lo aceptas? Mi respuesta fue: ¡No!

—¿No? ¿Por qué no papá? —preguntó muy intrigado y muy interesado.

—Porque si te quitara el carácter, dejarías de ser tú y verdaderamente te quiero así como estas. Prefiero aceptar el reto de luchar a tu lado para ayudarte a controlar tus momentos impulsivos.

—¡Oye! Eso me interesa. Por qué no hablamos más de esto en el parque después de cenar.

Claro que yo no rechacé su invitación y tuvimos una plática preciosa él y yo.

Piénselo bien. A los padres de hijos con esta clase de conductas a veces nos abruma tanto el conflicto que desearíamos no tener que lidiar con él. Pero una vez iniciado el proceso ya no podemos echar marcha atrás. Ya nos involucramos tanto que amamos a nuestro hijo desafiante con todo lo que esto implique.

No se pierda de estas pláticas profundas con Dios, le mantendrán vivo durante el proceso de recuperación familiar. Y le proporcionarán una nueva perspectiva de todo lo que viva con su hijo desafiante.

ROMPA CON LAS SECUENCIAS DESTRUCTIVAS

"¡Si yo le hubiera hablado así a tu abuelo me habría dado tal revés, que me hubiera tumbado todos los dientes." ¿Ha escuchado esta frase? ¿Ha dicho esta frase? Todos nosotros, que oscilamos entre los 40 y 50 años de edad, hemos expresado lo anterior a nuestros hijos en más de alguna ocasión. Lo hacemos para reclamar su respeto. Respeto, que por cierto, esta generación de hijos ha perdido hacia sus padres. Y hablo de nuestros hijos que hoy tienen entre los 15 y los 25 años de edad.

Estos muchachos ya no se tientan el corazón para responder a sus padres. Nos responden de manera grosera y altanera, nos desafían con la mirada, y poco falta para que quieran levantarnos la mano para golpearnos. Nos hablan de tú, fuman en nuestra casa, besan a la novia o se dejan besar por el novio de tal manera ... y, ¡ya no les importa si nosotros estamos presentes! Por lo mismo, cuando salen de su casa con el novio o novia solo nos queda imaginar lo que pasará cuando no estemos a su alcance ... mejor ni tomar el tema. Sigamos con el tradicional sermón que damos a nuestros hijos:

"Aquellos, eran otros tiempos. Nosotros, sí respetábamos a nuestros padres. Cuando nos regañaban, ni siquiera nos atrevíamos a mirarlos de frente. Levantar la mirada, era una señal de reto. Y cuando alguna vez nos atrevimos a hacerlo ¡Zaz! sonaba la bofetada y por allá íbamos a parar".

Nuestros hijos nos miran como deseando que el sermón termine. Mientras tanto, nosotros, cavilamos en el silencio del corazón: "Nuestros padres sí sabían ganarse el respeto."

La pregunta que lo anterior deja en el aire es esta: si verdaderamente aquellos tiempos eran *tan buenos* ... ¿por qué nosotros no seguimos sus técnicas? ¿Por qué nuestra generación decidió romper con aquella manera de educar? La respuesta es simple: *porque aquellos procedimientos no fueron tan buenos*. De hecho, si somos honestos, nos destruían moralmente. Nosotros lo sabemos. Nosotros lo experimentamos. Aquello ... no era disciplina ¡Era venganza! Aquello ... no era respeto ¡Era temor! Aquello ... no era relación ¡Era actuación!

Esta generación de padres hemos decidido romper con aquellas cadenas de violencia e indiferencia de la que nosotros fuimos víctimas. El problema está en que nosotros mismos, no hemos encontrado el balance. No hemos logrado encontrar el justo medio para establecer nuestros límites. Y el péndulo, corrió hasta el otro extremo. Hoy permitimos a los hijos hablarnos de tu, porque según nosotros, queremos que nos hablen con mucha mayor franqueza y confianza. Hoy, buscamos relacionarnos de manera afectiva con ellos. Hoy, buscamos el corazón de nuestros hijos.

Por desgracia el péndulo ha llegado a tal extremo, que en algunos hogares, ya se ha borrado la línea que resguardaba el respeto y lograba hacer evidente la jerarquía. La autoridad, ha desaparecido casi por completo en muchas familias. Lo que pasa es que nosotros (Hoy padres de entre 40-50 años de edad) fuimos heridos, de tal manera... que ahora tenemos temor de herir. Fuimos lastimados y por eso tenemos pavor de repetir los mismos errores con nuestros hijos. Después de todo, experimentamos en carne propia lo que se siente. Podrá constatar que el peor reclamo que nuestra mente puede hacernos es: "te estás convirtiendo en tu propio padre." Y las andanadas de introspección nos llevan al reclamo y a la odiosa sentencia: "aquello de lo que tanto te quejaste de tu padre ... hoy, lo estás repitiendo".

Mire el predicamento al que nuestra generación está sometida: Si fuimos educados con violencia, ¿cómo educar en amor? Si la disciplina que recibimos era más un acto de venganza, ¿cómo podemos nosotros proyectar hoy la disciplina como lo que verdaderamente es? un acto de amor.

Por otra parte, ante las conductas negativas de nuestros hijos, los padres, con mucha frecuencia, respondemos de manera **emocional**. Esta actitud nos mete a un terreno cenagoso del que difícilmente saldremos bien librados. Porque las respuestas emocionales, con frecuencia, nos atrapan en secuencias familiares. Trampas cíclicas que nos llevan siempre al mismo destino: el fracaso ¡Rompa con las secuencias destructivas! *Ante las acciones provocativas de un hijo desafiante, jamás de respuestas emocionales.* Esto le hará caer en la trampa de las secuencias destructivas.

Usted, como yo, puede constatar que nueve de cada diez, o para que suene más enfático, diez de cada diez peticiones que hace al hijo desafiante, recibirá un No como respuesta. Parece que trae un rifle cargado con su negativa, listo para disparar ¡Y usted es el blanco! Y seguramente su hijo no dudará en disparar **directo al corazón de su padre** (es una metáfora), destrozando lo que queda de usted y despertando sus más profundas pasiones, recuerdos dolorosos, heridas, incomprensión, tristeza, temor, etc. La primera respuesta del joven desafiante, ante la petición de sus padres es:

"¡No lo voy a hacer y tú, no puedes obligarme!"

"¡No! No quiero"

"¿Por qué a mí? ¡Dile a mi hermano!"

"Es que me duele la espalda …."

"No es justo ¡A mí me cargas la mano!"

Jamás olvide que el joven desafiante hará honor a su apellido, después de todo, él es *Oposicionista Desafiante* y siempre se las arreglará para librarse de sus responsabilidades. Antes de que usted termine la petición, el dirá con un tono autoritario y sarcástico: ¡No!

La secuencia sigue su curso. Él, dispara primero, porque ante su petición, su hijo responderá con una provocación—la negativa. El siguiente paso es una respuesta natural. Ya que él disparó justo a su corazón, despierta una respuesta emocional. Porque estos jóvenes son expertos en hacer despertar nuestros más profundos sentimientos y provocar las más bajas pasiones. Por lo mismo, la secuencia, con frecuencia resulta en respuestas similares a estas:

—¡No lo voy a hacer y tú, no puedes obligarme!

—*¿Quieres ver? ¡Obedece! ¡Soy tu padre y es una orden!*

—¡No! No quiero

—*¡Yo mando en esta casa no tú!*

—¿Por qué a mí? ¡Dile a mi hermano!

—*¡Tú lo haces porque a mí me da la gana!*

—Es que me duela la espalda

—*¡Eres un flojo! Pareces niña. ¡Siempre con tus quejas!*

—No es justo, a mí me cargas la mano

—*¡No me importa, me obedeces ahora mismo! ¡Yo pago tus gastos!*

Podrá darse cuenta de que con la misma frecuencia con la que nuestro hijo se niega a cumplir con nuestras peticiones, nosotros respondemos de manera **agresiva o sarcástica**. La razón de esto, es que nuestras respuestas están dentro de los parámetros de los terrenos emocionales. Por lo mismo, son respuestas plagadas de enojo, dolor y frustración.

Entrar al terreno emocional, sin lugar a dudas es lo que hace que cada una de nuestras respuestas sea una reacción emocional agresiva, sarcástica e impositiva. Aquello se convertirá en una auténtica lucha campal por el poder. El padre y el hijo, atrincherados en su posición, defendiendo cada uno su propia razón.

Podrá observar que bajo estas circunstancias, se activará la apremiante necesidad de reafirmar nuestra posición como "el jefe" de la casa. **Es así como nos vemos atrapados entre la negativa del muchacho y la urgencia de demostrar nuestra autoridad**. Y pensamos que si logramos imponer nuestra voluntad, ganaremos la batalla. En este punto del camino, evidentemente, hemos caído en la trampa. Jamás olvide que **los padres no tenemos que demostrar nada a nadie**. Es el hijo el primer interesado en entrar en este terreno emocional, porque en este campo él no tiene nada qué perder y todo por ganar. Y por el contrario nosotros tenemos todo por perder y nada por ganar. Es el hijo quién con jugadas como esta, saca a su padre de balance y le obliga a competir por algo que por naturaleza corresponde sólo a los padres: el poder.

Lo peor del caso está en nuestras respuestas agresivas y hostiles, producto de la negativa de nuestro hijo, que logra sacar lo peor de nosotros y que termina por convertirnos en lo que más odiamos de él: *un sujeto agresivo y hostil.* ¿Hasta dónde llegaremos? ¿A qué extremos nos puede llevar esta lucha por el poder? ¿Verdaderamente cree que pueda convencer a su hijo de que usted es el que manda en la casa? ¿Está dispuesto a llegar a las últimas consecuencias? ¿Podrá golpear lo suficientemente fuerte a su hijo? Y ... con esa golpiza ... ¿su hijo aceptará su derrota y admitirá que usted es el que manda? ¡Admítalo! Es una guerra perdida para los padres ¡Jamás logrará ganar en esta lucha! Si se deja dominar por la premura de la emoción, terminará golpeándolo o corriendo a su hijo de la casa y la soberbia del negativismo que corona al muchacho, no le permitirá doblegarse. Por el contrario, le impulsará a aceptar el desafío ¡Se va a ir de su casa! y usted ... terminará llorando y sufriendo por su hijo. Esa noche será usted el que no podrá dormir, mientras su hijo vive su nueva aventura.

Parece una actitud derrotista. Parecería que le digo: "No luche, dese por vencido. Todo está perdido. Ya no hay nada por hacer". De ninguna manera pretendo decir nada de lo anterior. Lo que trato de explicar es: **no se meta en una guerra en la que no debe participar. No demuestre lo que no necesita demostrar. No caiga en la provocación de su hijo.** No muerda el anzuelo. No responda de manera emocional. Analice que la negativa de nuestro hijo es una flagrante provocación. Seguramente él tiene un propósito en lanzar su negativa. Por lo mismo, antes de dar cualquier respuesta, pregúntese ¿para qué mi hijo me está provocando? Siempre debe considerar que la negativa de su hijo a realizar lo que usted le pide, lleva en sí misma una **ganancia secundaria** que usted debe identificar. Analicemos la secuencia para entender el concepto de ganancia secundaria. Es un círculo vicioso. Analicemos cada uno de sus pasos:

Provocación: "No quiero y tú no puedes obligarme". El hijo provoca a su padre, dando a su vez inicio a la secuencia de la que los padres no saldremos bien librados.

Terreno emocional: El padre experimenta enojo, dolor y frustración. Con el comentario anterior, el hijo logra poner al padre en un terreno emocional. Esto provocará una respuesta equivocada del padre, simplemente porque el papá está enojado, lastimado o frustrado. Es en este paso en el que la capacidad de pensar se nubla.

Respuesta emocional: "¿Quieres ver? ¡Yo soy tu padre y te estoy dando una orden!". Es aquí cuando las compuertas emocionales no logran contener el caudal emocional de enojo, dolor y frustración. Y nuestro error es que demostramos el poder en lugar de aplicarlo. Exigimos ser respetados y que se nos obedezca de inmediato, lo que muy pocas veces sucederá.

Acción agresiva: Gritos, golpes y amenazas. Este paso es el peor de todos, porque los padres, en efecto, nos hacemos culpables de responder de manera caprichosa ante nuestros hijos. Perdemos el piso. Perdemos la perspectiva de lo que está pasando. Perdemos toda la sobriedad. Actuamos bajo el impulso de lo que nuestras emociones dispongan.

Culpa: El colmo es que el hijo termina culpando a su padre por haber perdido el control. El hijo sale despedido de la casa expresando ser víctima de la tiranía de su padre. Hablando con propiedad, el hijo termina culpando a su padre por haberse dejado arrastrar con sus respuestas y acciones agresivas.

Conclusión: El padre termina frustrado y triste. Sabe que ha actuado bajo el impulso de su estado emocional y termina muy temeroso de que su hijo termine en las drogas o algo peor, porque él, lo corrió de la casa.

Ganancia secundaria: Finalmente el hijo hace que el padre se sienta culpable por la misma desobediencia del hijo. En resumen, el hijo se sale con la suya por no hacer lo que el padre le indicó y las acciones agresivas de sus padres le ayudan a no experimentar su propia culpa.

Pensemos: Si de antemano usted sabe que él le dirá que No, a lo que sea que usted le pida, lo menos que puede hacer, es estar preparado para su respuesta para no caer en su juego.

La pregunta que sigue en el aire es ¿cómo se debe responder ante semejante trampa emocional? La respuesta está en la misma pregunta: no cayendo en el engañoso terreno emocional. Lo único que puede librarnos del terreno emocional, es el terreno racional. Ante situaciones de provocación, **ofrezca a su hijo respuestas racionales, nunca emocionales**. El hijo quiere que usted le demuestre el poder. Esto queda muy claro en su respuesta oposicionista y agresiva de provocación con la que dio inicio a toda esta secuencia. Analicemos. El hijo dice: "No quiero y tú *no puedes* obligarme". La base emocional siempre conduce al padre al grave error de querer demostrar, a su propio hijo, que él es el padre y que sí puede obligarlo.

Por el contrario, el camino racional lleva al padre a razonar lo dicho por el hijo y a buscar comprender el propósito que éste tiene para retar a su padre con semejante comentario. La premisa lógica de la que los padres debemos partir es: **el poder no se demuestra, se aplica**.

Si aplica la premisa anterior se protegerá a sí mismo y seguramente no se permitirá aceptar el reto que su hijo le ofrece. Todavía mejor, se concentrará en la aplicación pura del poder. Piense en la secuencia:

"No quiero y tú no puedes obligarme"
PROVOCACIÓN

TERRENO EMOCIONAL:
El padre experimenta enojo y dolor

RESPUESTA EMOCIONAL:
El padre amenaza, grita o agrede

CULPA
El hijo culpa al padre
El padre experimenta culpa

FRUSTRACIÓN
El padre no logra el cambio

TIEMPO
La secuencia se repite

Al contemplar la secuencia destructiva en la que muchas veces nos hemos metido, podremos comprender por qué los padres experimentamos altos niveles de frustración de manera continua. Observe que, siguiendo la secuencia anterior, terminaremos siendo los culpables de las malas acciones de nuestros hijos. Además de que, secuencias como la anterior, nos llevan a las danzas familiares que terminan por colocarnos en los mismos puntos de inicio: la desobediencia del hijo.

La propuesta que le tengo, ante las secuencias destructivas, es una respuesta racional. La simpleza de las respuestas racionales, nos llevan a dos conclusiones sencillas: primero, entender que nuestro hijo tiene una **ganancia secundaria** ante la respuesta emocional del padre y segundo, que el padre debe concentrarse hacia la **aplicación pura del poder**. Añadamos a la secuencia anterior la respuesta racional del padre:

El padre, desde la plataforma racional, permanecerá consciente de la ganancia secundaria de su hijo, y esta postura lo mantendrá en la aplicación pura del poder. Ante la provocación flagrante del desafiante, se limitará a decirle sin enojo: "**si no hay obediencia, no hay privilegios.**" Es como si el papá se subiera a una plataforma desde la que puede juzgar el proceder de su hijo sin acceder a caer en la provocación.

Vayamos a un ejemplo práctico. Era período vacacional. Mi esposa y yo, habíamos acordado que ese verano, mientras nuestros hijos estuvieran en casa, ocuparan su tiempo en cuatro actividades de una hora cada una: Una hora de lectura, una de ejercicio, una de música y una hora de servicio en casa. Que las repartieran como a ellos mejor les acomodara y que el resto del día sería suyo. Nos pareció muy adecuado. Y todo marchó sobre ruedas, hasta que mi esposa, le indicó a nuestro hijo desafiante su labor de servicio del primer día.

Ella había dado las indicaciones de cuál sería el servicio en casa a cada uno de nuestros hijos sin mayores contratiempos, pero cuando le tocó el turno al joven desafiante, comenzó el juego. No hubo problema con las tres primeras tareas: música, lectura y ejercicio. El conflicto inició con la hora de servicio en casa. Mi esposa le había indicado que lavara el portón eléctrico por dentro. A lo que nuestro hijo, de inmediato respondió en tono por demás desafiante:

—¡No! No lo voy a hacer, y tú no puedes obligarme.

Claro que el disparo iba directo al corazón de mi esposa, y evidentemente buscaba herirla. Provocarle una reacción emocional. Hacerle entrar en el juego de la demostración del poder. Pero, afortunadamente mi esposa tiene muy clara la secuencia del juego y entiende perfectamente que ella no debe polarizarse. Así es que, simplemente se limitó a responderle:

—Mañana hablas con tu papá.

Cada noche, mi esposa y yo platicamos sobre cómo nos resultó el día. Pues esa noche, su tema fue nuestro hijo desafiante. Me dijo lo que sucedió con él al momento en el que ella le dio la indicación de servicio en casa. Por la mañana del siguiente día, me dispuse a charlar con él. Y antes de que yo pudiera iniciar con la parte de la instrucción de la IDEA, este joven vuelve a romper con la obediencia en casa. Mire la secuencia. Yo, sentado en la barra de la cocina. Mi esposa, preparándome el desayuno. Mi hijo, bajando de su recámara. Mi esposa, le da una nueva indicación a nuestro hijo:

—Hijo, por favor ve a la tienda a traer queso para el desayuno.

—¡No! Ya me voy al gimnasio. Manda a otro.

Pero no hay problema, porque esta vez yo estaba ahí. De inmediato intervine para reforzar la indicación que mi esposa le había dado al muchacho.

—Hijo, tu madre te está dando una orden y se debe obedecer al momento— dije con voz firme y serena.

—¡No! Ya te dije que yo voy al gimnasio.

Y antes de que yo pudiera decir nada, simplemente se levantó de la mesa y corriendo subió la escalera. ¡Cómo le gusta a este muchacho disparar el arma de su negativismo! A diestra y siniestra.

Este es el momento en el que por lo general los padres nos dejamos guiar por la frustración y el dolor, y respondemos de acuerdo con el enojo que bien merecido lo tienen. Pero en nuestro caso, queremos actuar diferente. Hemos decidido no caer en la provocación.

La historia continúa. Mi esposa le dijo al muchacho mayor, que entró poco después a la cocina:

—Hijo, ve a la tienda a traer queso.

De inmediato este joven con mucha disposición dijo:

—¿Cuánto ocupas? —y se dispuso a ir a la tienda.

Algunos pocos minutos, el desafiante bajó nuevamente las escaleras y cómodamente tomó asiento en la barra para desayunar. Este fue el momento en el que, con toda la paciencia y serenidad que me fue posible, simplemente apliqué el poder.

—Hijo, el límite que hoy te pongo es este: *Si no hay obediencia, no hay privilegios*. Me pediste dinero para salir hoy con tu amiga al café, pues no hay dinero y no hay permiso para salir.

Justo en el momento en el que aplicaba el poder, entró a la escena el mayor. Venía de la tienda feliz, jugando con el queso. Aproveché el momento para la instrucción.

—Mira la cara de tu hermano ¡Está feliz! ¿Sabes por qué? Por obedecer. Porque cuando uno obedece, uno mismo es feliz. Y sobre todo, uno mismo recibe el beneficio de la obediencia. Piensa en esto, ¿cuántas cosas me ha pedido tu hermano en los últimos tres días? Me pidió permiso para manejar la camioneta y le dije, Sí. Ayer por la noche, me pidió permiso para quedarse con su amigo una hora más, y le dije, Sí. Antes de salir, me dijo que se le había terminado el dinero. Simplemente saqué la cartera y le di. ¿Sabes por qué?

—¿Porque es tu chiqueado? —dijo en tono de broma.

—¡Claro que no! ¿Cuántas cosas le he pedido yo? ¿Y cuántas veces me ha dicho que no? En cambio, en los mismos tres días ¿Cuántas cosas te hemos pedido tu mamá y yo y qué nos has respondido?

—Que no —respondió en tono reflexivo.

—La consecuencia lógica es simple: no hay obediencia, no hay privilegios. Lo contrario también es cierto: hay obediencia, hay privilegios. Hijo, cuando hay obediencia, los padres no podemos decir que no. Ponme a prueba un mes. Proponte responder afirmativamente con obediencia ante las peticiones de tus padres, tú mismo verás los resultados en su tiempo.

—Por cierto —le dije aplicando la disciplina —, las cosas no se pueden quedar así. Ayer tu mamá te pidió lavar el portón por dentro. Es tu tarea que debes obedecer. Y la consecuencia que vas a recibir por tu desobediencia, es que vas a lavarlo por dentro y por fuera.

Ante el establecimiento de las reglas, los cambios de ánimo se vuelven a repetir de manera intempestiva. La plática fluía de manera excelente hasta que reiteré las reglas. Es increíble el cambio tan radical y repentino que pueden presentarse en estos jóvenes. Volvió de inmediato a su tono grosero y altanero diciendo:

—¡Claro que no! Me da pena ¡No lo voy a hacer!

—El límite está puesto. No hay obediencia, no hay privilegios —respondí

Yo ya había dicho todo lo que tenía que decir y no caería en una nueva provocación. Pero siempre busco que él reflexione sobre lo que dice y hace. Camino al consultorio, me limité a enviarle un mensaje a su teléfono. Decía:

—Antes del quebranto se manifiesta la soberbia. Vence con el poder de Dios tu pereza y tu soberbia. ¡Ánimo hijo! ¡Tú puedes! Y te recuerdo el límite que hoy te pongo: *no hay obediencia, no hay privilegios*. Piensa bien lo que has de hacer. Te quiero. Que tengas un buen día.

Podrá imaginar la manera en la que ese día regresaba del consultorio. Camino a casa pensaba en la serie de cosas que él me había pedido y que se convertirían en una negativa de mi parte. Los permisos que pediría en la siguiente semana y las cuerdas de su guitarra que me había pedido ... Bueno, por fortuna, no fue necesario —al menos por ese momento-. Cuando llegué, el portón estaba reluciente, por dentro y por fuera.

El siguiente día coincidió con mi día de descanso. Después de ver su actitud del día anterior le dije por la mañana —vamos a la Plaza a comprar tus cuerdas. —Pasamos un día familiar excelente. Por la tarde, tenía algunas citas y olvidé mencionarle lo del portón, así es que me limité a enviarle otro mensaje:

—Hola hijo. Olvidé decirte que me diste un día excelente, sabía que vencerías tu soberbia y la pereza con el poder de Dios. Te quiero hijo, mil gracias.

Esta vez su respuesta fue de inmediato. Pero añadió uno de los elementos que más me interesa que a él y a usted le quede en mente. Sorprendentemente, mi hijo escribió:

—Sí papá, con Dios todo es posible.

Momentáneamente me quedé mudo. Respuestas como estas me hacen pensar que todo el esfuerzo familiar está valiendo la pena.

Estoy consciente de que él mismo no alcanza a ver la profundidad de lo que dijo. Pero el simple hecho de que esté considerando agradar a alguien que puede ver hasta sus más profundas intenciones, me llenó de alegría.

—No sabes lo feliz que me haces. Si cada uno en la familia pone su parte, seguramente seremos una familia que agrade a Dios y que impacte positivamente a otras familias. Gracias hijo. Disfruta tus cuerdas—respondí

—Gracias papá —terminó escribiendo.

Liberarnos de las secuencias destructivas es tarea para cada día. No permita que el pasado condicione su presente y le haga entrar en el atolladero de la culpa o en el juego de la demostración del poder. Cada evento que pasa en casa es una buena razón para la aplicación de la instrucción y la disciplina, en un ambiente de ejemplo y amor. La aplicación de la IDEA, compromete a los padres cada día.

No olvide que ante las secuencias que nos arrastran emocionalmente, las respuestas racionales como la aplicación pura del poder nos ofrecen una puerta de escape para salir bien librados. Tomará tiempo, no se rinda.

IDENTiFiQUE EL PERFiL DE SU HiJO

Conocer el perfil de nuestros hijos, o al menos, tener una idea cercana al mismo, resultará en una herramienta muy valiosa que nos permitirá construir el puente adecuado para conectarnos efectivamente con cada uno de ellos.

Nuestros hijos son diferentes. Y es muy importante que nosotros, como padres, aceptemos y cuidemos de la individualidad de cada uno de ellos. Es verdad que ciertos métodos, empleados por nosotros, mostraron ya su eficacia en la construcción de la relación entre nosotros y algunos de nuestros hijos. Pero si hoy admitimos que cada uno de ellos es diferente, admitamos también que, dichos puentes relacionales, antes empleados, no se pueden aplicar por igual al resto de nuestros hijos. Debemos aceptar la tarea de encontrar el propio perfil de cada uno de ellos para saber qué elementos considerar al momento de construir la nueva relación.

Como no es el objetivo central del presente documento exponer las teorías de la personalidad, sólo me limitaré a describir tres perfiles que resultan típicos en el ser humano. Este es un material que, por su sencillez y maniobrabilidad, seguramente le resultará de gran utilidad.

Todo ser humano está conformado por tres funciones internas básicas: la capacidad de **pensar**, de **sentir** y de **actuar**. El equilibrio en el que se presentan dichas funciones, puede ofrecernos tres perfiles básicos: Racional, Emotivo y Conductual.

Por otro lado, el desequilibrio producido por el predominio de alguna de estas tres áreas sobre las otras dos, producirá una tendencia típica en la persona hacia las características básicas de dicha área. Precisamente la superioridad de alguna de estas tres funciones sobre las otras, convierte al sujeto en predominantemente Racional, Emotivo o Conductual. Para fines prácticos, me estaré refiriendo a estas tres áreas para describirle a usted cuales son las tendencias que cada uno de ellos presenta.

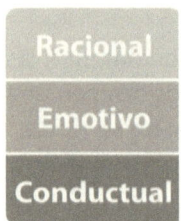

El ideal en el perfil del ser humano, es el equilibrio de estas tres instancias. Ser una persona tan racional como emotiva y conductual (como se puede apreciar en la figura). Pero, como la tendencia típica de la naturaleza humana es ir siempre a los extremos, el desequilibrio que se muestra en el individuo, por el predominio de alguna de estas funciones sobre el resto, es lo que nos dará su perfil.

Conocer las características típicas de cada tendencia, nos permitirá descubrir la predisposición natural en nuestro hijo, y a su vez, hará más claro el mejor camino para crear el puente relacional, acorde a su perfil.

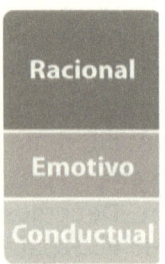

Comencemos con el RACIONAL. A la persona que le domina la razón sobre sus conductas y emociones se le conoce como Racional. Debido a la disminución de la función emotiva y por el predominio de la razón, estos sujetos *no se permiten la manifestación libre de sus emociones*. Por esto, resultan ser personas muy frías, casi insensibles. Analíticas, lógicas y predominantemente visuales. Este último elemento marcará una de las pautas importantes.

Encontrará un camino fácil para identificar si su hijo es Racional, en su muy peculiar forma de expresarse. Las alusiones continuas a la razón, resultan frecuentes en el joven racional. De él escuchará frases como:

-**Creo** que no tienes **razón** ...

-Yo **pienso** que las cosas no **son** así …

-**Objetivamente** las cosas que sucedieron fueron …

-**Mira** fríamente y ¡**Date cuenta**!

-**Piensa** lo que digo y **verás** que tengo **razón**.

-**Observa** cómo sucedió todo.

-Déjame que **te explique** y verás que …

-A ver si así te **cae el veinte**.

Mi primera sugerencia es, **no entre a una lucha racional con el muchacho Racional, porque nunca le ganará**. Dese cuenta de que, en una lucha racional, usted entró en su territorio y él no dudará en utilizar sus armas contra usted. La mejor manera de crear un puente de comunicación con el joven racional, es por medio de **una conexión emocional**.

Es muy importante aclarar que cuando busque la conexión emocional debe cuidarse de no guardar alguna oscura intención de manipularlo. De hecho, difícilmente lo logrará, ya que el dominio de su capacidad racional le permite salir ileso a los aspectos emocionales.

No fuerce las cosas. Jamás debe intentar obligar a su hijo Racional a entrar en el terreno emocional, porque sólo logrará frustrar la relación y este joven interpretará acertadamente su acercamiento como mero chantaje.

La conexión emocional debe ser **una actitud positiva de parte nuestra, hacia los intereses de nuestro hijo racional**. Es una actitud que le comunica interés de parte nuestra. No es el sentimentalismo o el llanto, las palabras bonitas o los abrazos. Todo esto por el contrario, bloqueará el flujo de la comunicación entre usted y su hijo racional. La conexión emocional significa que nosotros busquemos conectar nuestras tres facultades: racional, emocional y conductual, al servicio de la relación con nuestro hijo.

El procedimiento de conexión emocional inicia con la persona que desea crear dicha conexión. En la relación padre-hijo, yo como padre primero debo **identificar** los pensamientos, sentimientos y conductas que me produce mi propio hijo. Enseguida, necesito encontrar la debida **armonía** entre los sentimientos, emociones y conductas *que yo mismo tenga hacia* *él*. Finalmente debo poner en operación la conexión por medio de la **empatía** con los intereses de mi hijo.

Una conexión emocional es la tarea del padre del joven racional. El camino a seguir es la pauta dejada por el perfil del muchacho. Por medio del canal visual y racional podremos libremente transitar hacia el corazón de nuestro hijo racional y crear así la esperada conexión emocional. Se trata de que usted tenga pleno conocimiento de su propio hijo y de sus intereses.

Pensemos que a su hijo le interesa mucho su grupo de amigos. Sólo por la diferencia de edades entre usted y los amigos de su hijo, existirá una barrera natural de trato entre ellos y usted. En este caso, la conexión emocional se logrará cuando usted no critique a los amigos, ni sus gustos (que resultarán similares a los de su hijo). Si usted memoriza los nombres de los amigos. Si permite y fomenta el trato entre ellos y su hijo. Si busca conectarse a los intereses de su hijo y de sus amigos, se conectará automáticamente a su hijo.

Sé que es difícil, de lo contrario, tendríamos conexiones emocionales con cada uno de ellos. La conexión emocional, exige un pleno conocimiento de la persona con la que desea crear dicho vínculo y el debido respeto a sus muy particulares preferencias y gustos. Las palabras claves son: **identificación, armonía y empatía**. Las críticas a los gustos de su hijo, sólo lograrán romper el vínculo afectivo ¡métase al mundo de su hijo! Esto no necesariamente significa que usted apruebe todo lo que él desea.

En cierta ocasión le recomendé a una mujer que aprendiera y cantara una canción de *Rock* con su hijo. En repetidas ocasiones ella había criticado los gustos musicales de su hijo. Por cierto la mamá durante su juventud, había cantado profesionalmente en un grupo musical. Es decir que tenía una valiosa herramienta para lograr su cometido. Si usted supera sus propios miedos, esta barrera pronto cederá dando paso a la deseada conexión entre usted y su hijo. Pero si persiste en la idea de que ser flexible y relajado ante los propios gustos de su hijo, es reforzar malas conductas en él, la conexión emocional se tornará imposible.

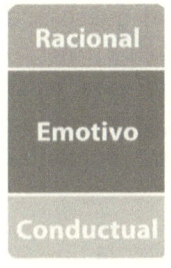

El trato con un joven EMOTIVO siempre resulta en un reto. Porque gracias al predominio de su capacidad emocional, cada intervención suya, puede ser tomada e interpretada como un acto de agresión. Los más mínimos detalles, las palabras, las acciones, las miradas, etc. resultan potenciales fuentes de dolor. El sólo hecho de hablar con el joven Emotivo, es como tratar de cruzar un campo minado. Un movimiento en falso y todo termina.

El joven Emotivo, *con frecuencia resulta perfeccionista*, lo que le hace casi imposible de satisfacer. Esto es muy desgastante para los padres que buscan un acercamiento con él. Si a esto sumamos sus altibajos emocionales, parece que la relación queda condenada al fracaso. Cuando el joven Emotivo se encuentra en la cima es un optimista y parece que todo marcha sobre ruedas en su vida. Lo contrario resulta cuando se encuentra en las sombrías profundidades de sus continuos estados depresivos, en los que con frecuencia toma el papel de víctima haciendo muy difícil el trato.

El camino más adecuado a seguir en la construcción de la relación con el joven Emotivo, es **una conexión racional** sin perder de vista su estado emocional a través de la conexión empática con él y sus emociones. La idea central es que usted evite, por todos los medios, que sus emociones entren en acción, porque simplemente lo hará dar vueltas en círculos. Cuando el joven Emotivo entra en sus estados emocionales, con frecuencia arrastra con fuerza a la persona con la que convive -que para el caso son los padres- y les lleva a los laberintos más intrincados de los que, difícilmente, podrán salir bien librados. Concéntrese en evitar los pantanos emocionales a los que le arrastra el joven Emocional. La idea central no es cómo salir del pantano sino cómo evitar entrar en él.

Cuando el hijo Emocional se deprime, a los padres les urge sacarlo de ahí. Y es así como se ven arrastrados a dichos pantanos. Porque a los padres nos **duele** (estado emocional paterno) ver a nuestros hijos sumidos en la depresión o la auto-conmiseración. Es así como desplegamos toda clase de ideas racionales para sacarlos de ahí rompiendo los vínculos relacionales con ellos. Todo resulta en un desgaste infructuoso. Algo similar a intentar sacar del mar a alguien que no desea ser rescatado. Lo que sucede es que el joven Emocional ha convertido el estado depresivo en su *zona de confort* y todos los esfuerzos de los padres por sacarlo de aquel estado son boicoteados por él mismo, haciendo casi imposible su recuperación.

Una conexión racional no es una simple respuesta racional que busca resolver el problema de nuestro hijo, sino una **actitud lógica** ante su estado emocional. En términos más simples, la conexión racional es la actitud que comunica a nuestro hijo Emocional dos cosas, primero: un profundo respeto por lo que él experimenta, y segundo: nuestra confianza en sus capacidades para salir de ese estado emocional.

Llevándolo al terreno de la práctica, suponga que usted observa que su hijo ha actuado extraño los últimos tres días. Ha estado encerrado en su recámara más tiempo de lo acostumbrado, no sale con sus amigos y su apetito ha disminuido de manera importante. Su semblante se nota decaído y visiblemente depresivo. Usted sabe perfectamente que algo pasa con su hijo. Después de acercarse a él y preguntar ¿Qué es lo que le sucede? Su hijo le confiesa que su novia cortó con él.

Bien. Ante las circunstancias anteriores, usted puede actuar de dos maneras. A saber: ofrecer una respuesta racional -que no es lo aconsejable- diciéndole que esa no es razón para deprimirse, que la chica no es la única mujer, que seguramente conseguirá a alguien más, que debe confiar más en su potencial para la conquista, que no debería de rendirse tan fácil, que parece que se está ahogando en un vaso de agua, etc.

Como podrá advertir, la conexión racional se rompe con esta clase de respuestas, porque no comunica ningún respeto por lo que nuestro hijo comunica, por el contrario, anula sus sentimientos. Además, esta clase de respuestas muestran nuestra completa falta de confianza en las capacidades del muchacho. Una breve conversación que refleja la conexión racional, bajo las circunstancias anteriores, sería la siguiente:

—Hijo, te he visto muy decaído últimamente. Platícame ¿Qué pasa?

—Bueno, papá. Es que ... ¿recuerdas a Maritza?

—¿No es la chica con la que sales los sábados?

—Sí, es ella. Pues nos hicimos novios apenas hace un mes. Pero hace tres días que ella decidió romper la relación.

—Siento mucho escuchar esto hijo. Ahora sé por qué has estado tan triste estos últimos tres días ¿la querías mucho?

—Puede sonar ridículo, pero creo que en el poco tiempo que fuimos novios, yo me enamoré de ella.

—No es ridículo hijo. Cuando una persona ama a otra, el corazón no identifica el paso del tiempo, si es poco o mucho. Pero dime **¿qué has pensado hacer?**

Hagamos una pausa ante esta última pregunta, porque la conexión racional a estas alturas ya se logró. Cuando el padre pregunta a su hijo cosas como esta, note que el padre no busca resolver el problema de su hijo, sino que sea el mismo hijo quien active sus propias capacidades para resolverlo. Continuemos:

—No sé papá. Se me ha ocurrido retomar a mi antiguo grupo de amigos. Pero la verdad, no tengo mucho ánimo de salir, ni de hablar con nadie.

—Claro hijo. Así es la decepción amorosa. Nos deja sin fuerzas para nada. Y si por el momento no sales con tus amigos ¿qué otra alternativa se te ha ocurrido para hacer frente a lo que estas pasando?

—Se me ha ocurrido retomar el básquetbol. Por cierto, esa fue otra actividad que dejé a un lado por salir con Maritza.

—Entonces ¿dejaste a tus amigos y tu deporte favorito por salir con Maritza?

—Sí. Y hay otras actividades que dejé por ella. Sabes papá, ahora que lo pienso, creo que ese fue mi error. ¿Crees que la sofoqué?

—Bueno hijo, cuando amamos a alguien deseamos pasar el mayor tiempo que nos sea posible con esa persona. Y sí, con frecuencia abandonamos el resto de nuestras actividades, lo que puede resultar en asfixia para la persona amada ¿Tú crees que la asfixiaste?

—Ella me lo dijo con esa misma palabra. Dijo: "Es que las cosas ya no son como al principio. Antes me sentía libre, pero ahora me siento asfixiada". Eso ... me dolió mucho.

—Claro hijo. Eso debió doler. Pero todavía me queda la duda sobre lo que vas a hacer. Me decías que has pensado buscar a tu antiguo grupo de amigos o que retomarías el básquetbol ¿Cuál te parece la mejor alternativa?

—Por el momento no quisiera estar con mis amigos, porque seguro me van a preguntar por Maritza. Creo que preferiría retomar el básquet.

—Suena una buena elección ¿Qué necesitas? ¿Tienes tu balón? ¿Quieres que te acompañe? ¿Qué puedo hacer para ayudar?

—¿Me acompañarías esta tarde a jugar una *cáscara*?

—¡Seguro! Me encantaría. Qué te parece si te alcanzo en la cancha hoy mismo a las seis de la tarde.

—¡Hecho!

Esta clase de conversaciones son posibles en la relación con sus hijos. Sólo tiene que evitar, a toda costa, la frialdad de las respuestas racionales y buscar *la conexión racional*. Como habrá podido observar, las intervenciones del padre de familia, en la conversación anterior, permiten que la conversación fluya sin el obstáculo del juicio de valor sobre el proceder del muchacho. Por el contrario, ofrecen el voto de confianza en las capacidades de razonamiento del hijo, y de manera empática, comprende sus sentimientos.

El mayor conflicto que los padres enfrentaremos, cuando hablamos con nuestros hijos, es la premura que nosotros sentimos porque ellos salgan de aquel estado en el que se encuentran. Si somos honestos con nosotros mismos nos daremos cuenta de que son nuestras respuestas las que terminan por bloquear el flujo sano de la relación familiar. Parece difícil, pero practíquelo y notará la diferencia.

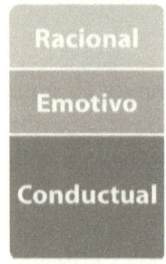

Finalmente, hablemos de los hijos CONDUCTUALES. En esta tercera clasificación, las cosas toman un acusado contraste en relación a las dos anteriores. Los jóvenes Conductuales no tienen tiempo de sentir ni de pensar. Esto no quiere decir que no piensen o sientan, sólo que ellos han aprendido a enfrentar la vida actuando. No "pierden" su tiempo pensando o planeando y mucho menos dando espacio al sentimiento o los lamentos.

Si enfrentan alguna situación, simplemente actúan. Son la clase de persona que si pierde a un ser querido, prefieren salir corriendo del lugar. *"Arreglan" los problemas cambiando su escenario.* Parecen expertos evasores del dolor y la tristeza. Cualquiera pensaría que solo postergan sus afectos. Otros, podrían concluir que son infantiles y que lo único que les importa son los amigos o sus múltiples actividades. Unos más dirían que no son auténticos porque no contactan con sus emociones. Y yo diría, nada de lo anterior. Simplemente son Conductuales y en efecto, parecen más un accidente que un plan, parecen barcos en altamar sin rumbo fijo.

No les gusta sufrir ni ver sufrir a nadie. Su muy particular manera de ver la vida y de arreglar los problemas, les lleva a tomarse el tiempo necesario para que las cosas se enfríen por sí solas. Prefieren esperar a que los conflictos interpersonales tomen su cauce natural. Jamás fuerzan las situaciones. No les gusta enfrentar estados emocionales intensos. Evitan a toda costa las pláticas que, según su filosofía de la vida, no les conducen a nada, excepto a empeorar las cosas.

La mejor y más práctica manera de establecer una relación sana con el joven Conductual es a través de las conductas. Para este joven, la acción es básica. Si el padre del sujeto Conductual pretende lograr un cambio sustancial en la manera de pensar de su hijo debe evitar a toda costa aquellos sermones llenos de argumentos y lógica o cargados de emociones. Estos caminos no funcionan. Sería mucho mejor que usted se tomara el tiempo necesario para salir con su hijo a jugar un partido de básquetbol, ver alguna obra de teatro o alguna película. Salir a correr o de cacería. Acampar en alguna montaña o hacer un viaje en motocicleta. Procure siempre que, la actividad planeada, les lleve a alguna breve reflexión sobre la manera de pensar de su hijo.

Otra manera de lograr una mejor conexión con el joven Conductual es por medio de las metáforas. El lenguaje analógico es muy útil para cualquier clase de perfil, pero es especialmente útil para el joven Conductual. Su infantil curiosidad pronto le atrapará y usted podrá entrar con facilidad a su corazón.

La metáfora es algún breve relato que contiene una moraleja acertada. Claro que la moraleja, es el elemento que usted pretende comunicarle a su hijo, es el mensaje que usted busca dejar impreso en su mente. Cuando la metáfora es narrada de manera empática y fluida, impacta al sujeto y queda de inmediato como una impronta en el recuerdo.

Si decide utilizar esta técnica de comunicación, quiero recomendarle que considere solo dos elementos claves para el adecuado manejo de este método: la elección asertiva del **tema** de la metáfora y la elección del **momento** más apropiado para la entrega del mensaje.

Para elegir asertivamente el tema de la metáfora, usted deberá conectar el tema con los intereses de su hijo. Por ejemplo, si usted tiene el problema de que su hijo no termina lo que inicia y a su hijo le interesan las carreras de motocicleta, ese podría ser un tema excelente para ser utilizado para diseñar una metáfora. Podría diseñar un relato acerca de un motociclista que abandonaba la carrera. Sea creativo y narre a su hijo el entusiasmo con el que el sujeto comenzaba las carreras, pero cuando se ponía difícil la competencia, su temor a perder siempre le llevaba a disminuir la velocidad y abandonar la competencia.

Sobre la elección del momento más apropiado para entregarle el mensaje, considere que es algo definitivamente planeado por usted. Conociendo a su hijo, busque el lugar indicado. Es un sitio que a su hijo le agrada y usted ha notado que es un lugar en el que el muchacho se torna reflexivo. Podría ser un campo de béisbol, un camino de terracería o un taller abandonado. Usted conoce mejor a su hijo. Piense como él y encontrará el lugar apropiado.

Si nunca antes ha utilizado semejante procedimiento, primero practique con su esposa/o y posteriormente utilícelo con su hijo. La pericia en el manejo de las metáforas, se logra con el tiempo. Así es que, ánimo.

CONSTRUYA VíAS, NO FRONTERAS

Cuando hablamos de vías de comunicación entre padres e hijos, de inmediato se abre un muy amplio espectro de alternativas. Los que rebasamos los 40 años de edad, somos una generación que vio y experimentó la revolución de las comunicaciones. Considere que nosotros crecimos sin teléfonos celulares, ni TV a color, ni computadoras, ni satélites y sin tantos otros artefactos tan sofisticados. En contraste, nuestros hijos crecieron con toda esta clase de herramientas tan útiles como peligrosas en lo que refiere a las comunicaciones.

Internet es una de las vías de acceso a la información y comunicación más revolucionarias de nuestra era. Y en efecto, internet es un arma de dos filos, *porque acerca a los que están lejos pero aleja a los que están cerca*. Bloquea a los hijos. Josh McDowell en su libro "La generación desconectada" explica que, en la medida en que los hijos de esta generación se conectan más a internet y a sus múltiples redes sociales, se desconectan cada vez más de sus propios padres. Es así –afirma el autor- como surge ante nuestros ojos, la generación desconectada.

> "Los artefactos de alta tecnología que permiten que nuestros hijos se conecten electrónicamente con gente de todo el mundo también pueden alentarlos a desconectarse relacionalmente con los que están en su hogar" [16].

---

16 Josh Mc Dowell, Josh, La generación desconectada. (El Paso, Texas, USA: Editorial Mundo Hispano, 2002). Pág. 15

Esto es algo que usted podrá verificar en casa. Mire y escuche por un momento a su hijo cuando se encuentra explorando en *Google®*, o *chateando* en el *Facebook®*, o conectado al *Messenger*. Notará que hasta manejan un nuevo lenguaje que a los padres nos deja fuera de la jugada. Si usted se ha detenido a observar a sus hijos en cualquiera de estas redes sociales virtuales notará que se conectan, se entienden y conversan de manera fluida entre ellos. Pero si usted trata de leer uno de los mensajes que se envían, verá que están escritos no sólo con una multitud de faltas de ortografía, sino que parecen policías judiciales comunicándose por medio de claves, números y símbolos que usted y yo difícilmente comprendemos.

Nuestra generación protagoniza la paradoja más grande de la historia. Vivimos la época de oro de las comunicaciones y sin embargo cada vez se pierden más los vínculos básicos de la comunicación. El aislamiento en el que la persona promedio vive es mayor cada día. La gente se percibe cada vez más como un individuo aislado, independiente y autosuficiente. Ya no se siente una parte de un sistema al que pertenece y del que se sirve como una familia, una sociedad o un grupo y por desgracia, en cuanto a las relaciones familiares y sociales, la brecha de incomunicación que se abre, resulta cada vez más pronunciada.

Necesitamos entrar al mundo de nuestros hijos, entenderlo y utilizarlo en nuestro favor. Los elementos básicos de la comunicación no han cambiado. La escalera de la comunicación sigue en la espera de ser transitada en el hogar. Los niveles de comunicación son siempre los mismos y los errores que cometemos los padres con nuestros hijos, en el proceso de la comunicación, son siempre los mismos. **Nos cuesta manejar los desacuerdos racionales y las expresiones emocionales.** Es en estos dos niveles de la comunicación en los que verdaderamente podríamos construir auténticas vías de acceso al corazón de nuestros hijos. No obstante, nos conformamos con los niveles más básicos, creyendo que intercambiar saludos o narrar acontecimientos del día son síntomas de una comunicación sana y profunda. Cuando enfrentamos momentos álgidos en los que nuestros hijos expresan sus desacuerdos y sentimientos nos rebasa la emoción y se nubla la razón. Nos bloqueamos, nos enojamos y nos enajenamos. Entramos en ciclos de locura que rompen las vías de acceso y que terminan por llevarnos siempre por los mimos caminos.

Los hijos desafiantes, cuando activan su negativismo, son verdaderamente exasperantes. Debemos entender que el frágil equilibrio que les permite mantener la cordura es tan débil que tarde o temprano se rompe. No pierda la paciencia. No permita que sus emociones le rebasen. No permita que el negativismo de su hijo le haga perder la calma. Con una respuesta inadecuada, en un segundo, todo lo que hasta el momento hubiera logrado se viene abajo. Mantenga la perspectiva en todo momento. Construya vías que le conduzcan al corazón de su hijo, no fronteras que le lleven al aislamiento.

Un lunes por la mañana, voy a la recámara de mi hijo desafiante y le aviso que ya está inscrito como equipo en los campamentos y que prepare su maleta porque sale por la tarde al campamento. Ya habíamos acordado que, como cada verano, irían él y su hermano una semana de camperos y otra de equipo para servir a los demás. Hasta el momento, todo estaba bien.

—¿Es de jóvenes?

—No hijo, es de niños. —De inmediato su negativismo se activó, sus entrañas lo controlaron y respondió levantando la voz, y con un tono impositivo dijo:

—¡Yo no voy a ir!

—No es una petición hijo. Es una orden. Ya habíamos acordado que irías de servicio una semana así es que, prepara tu maleta porque sales esta tarde —respondí con firmeza tratando de mantener la calma.

Salí de la habitación y me dispuse a desayunar. Ya podrá imaginar que bajó hecho un "diablo", buscando no quién se la hizo, sino quién se la paga. Su madre se aproximó a él para saludarlo y accidentalmente tocó su pie. Para pronto, respondió a su madre con un tono altanero y por demás grosero:

—¡Quítate!

—¡Momento jovencito! ¡Contrólate! Así no debes contestar a tu mamá y por la manera en la que le contestaste tienes suspendido el Internet toda una semana —intervine de inmediato.

—¡Es que no es justo papá! Yo no quiero ir al campamento de niños y ya había hecho planes para esta semana —dijo modulando su tono y en mejor actitud.

—Esta no es razón para responder a tu mamá como lo hiciste. Respecto al campamento, ya habíamos acordado este asunto y tú estás rompiendo el trato.

Trataba de ser breve en mis comentarios para no darle mucho espacio a sus agresiones.

—¡Pues si no tengo cinco pantalones limpios no voy al campamento! —Su frágil equilibrio se rompió de inmediato y regresó a su tono altanero.

—Claro hijo, no te preocupes. Tendrás tu ropa lista.—dijo su madre en tono muy conciliador y amable.

Como su mamá no entró al juego del sarcasmo y de las respuestas agresivas, se dirigió a su recámara bufando. Yo estaba a punto de irme al trabajo, así es que tomé mis cosas y entré a mi camioneta. En ese momento, escuché que su madre le dijo:

—Despídete de tu papá hijo, ya se va al trabajo y no lo vas a ver el resto de la semana.

Él salió y desde el quicio de la puerta, con una expresión dura y una sonrisita sarcástica movió la mano en señal de despedida. Yo simplemente lo miré y en silencio asentí con la cabeza y me retiré. En momentos así parece que vamos para atrás, y que lo que hemos construido hasta el momento no ha sido suficiente. Le resulta tan fácil romper la buena armonía y la comunicación.

Paradójicamente, justo en momentos como ese los padres podemos y debemos construir vías de comunicación. Normalmente los padres castigan a sus hijos dejando de hablarles. Esto es un error grave porque les enseñamos a ellos a mantener rotas las vías de acceso. Mejor haga a un lado su orgullo e intente contactar a su muchacho por otro medio. Es aquí donde la tecnología puede resultar útil.

Camino a mi consultorio, tomé mi teléfono celular y comencé a escribir el mensaje que le enviaría. Pensaba en lo que deseaba expresarle en el mensaje. Después de todo él iría al campamento y yo deseaba que Dios tocara su corazón y que este incidente no fuera a hacerle perder el objetivo. Tenía que ser firme y honesto y en amor hacerle ver su error. Tomé mi tiempo para pensar en el mensaje y esto fue lo que le escribí:

—No es justo lo que haces con tus padres. Si querías lastimarme, lo lograste. Estaré orando por ti. Te quiero hijo. Que tengas una excelente semana y deja que Dios toque tu corazón y te hable en este campamento.

Analice mis palabras. Notará que el mensaje denuncia con firmeza el error de mi hijo: *"No es justo lo que haces con tus padres"*, pero además logra expresar, sin temor, los sentimientos que me generan esta clase de momentos: *"Si querías lastimarme, lo lograste"*. También en este mensaje quiero expresarle que a pesar de todo, lo sigo amando como mi hijo: *"Estaré orando por ti. Te quiero hijo"*. Finalmente expreso mi deseo respecto al propósito original del campamento: *"Que tengas una excelente semana y deja que Dios toque tu corazón y te hable en este campamento"*.

¡Qué bonito mensaje! Pero, a pesar de mis esfuerzos, debo decirle que no recibí respuesta alguna de su parte. Para colmo, no llegó mi primer paciente del día así es que tenía mucho tiempo para reflexionar sobre lo que había ocurrido. Pasada hora y media desde que le envié el mensaje, escribía yo el inicio de la sección: "No se dé por vencido". Confieso que como me ha sucedido en varias otras partes de este libro, describía mucho del sentimiento de tristeza y frustración que yo mismo experimentaba en ese momento. Por coincidencia, justo al estar escribiendo sobre esa tristeza, recibí su respuesta. Su mensaje fue breve pero muy positivo.

—Tienes razón papá. Perdón ... Gracias —escribió.

Puede imaginar la alegría que su respuesta trajo a mi corazón. ¡Hasta el capítulo cobró mucho más sentido! Es muy importante que los padres reconozcamos sus pequeños esfuerzos, porque para ellos son enormes. Así es que, me dispuse a enviar mi segundo mensaje.

—Respuestas como esta, hacen que luchar valga la pena. Gracias hijo. Me haces el día. Estamos en contacto.

En respuesta, mi hijo se limitó a enviarme una de esas caritas sonrientes y un:

—Ok. —

¡Qué fácil es que los puentes de comunicación se rompan! Esas vías de acceso deben ser protegidas por nosotros los padres. No espere que su hijo quiera mantener vivo el contacto con usted. Mejor usted haga un doble esfuerzo por bajarle a la soberbia y reconecte la relación. Podrá notar que las ideas por escrito son mucho mejor elaboradas que las palabras expresadas personalmente. Ambas son necesarias. La sugerencia sólo es que pueda aumentar sus recursos para crear las vías de acceso al corazón de su hijo y que siempre sea creativa la manera de hacerlo.

En otra ocasión, posterior a un breve desacuerdo, le envié otro mensaje. En aquel evento, él se había dejado dominar mucho por su enojo y la idea que yo quería que se quedara en su mente era que permaneciera en la lucha por lograr el control de sus impulsos. Mi breve mensaje fue un verso de la Biblia, Romanos 12:21. Fue casi textual. El mensaje decía:

—No seas venido por lo malo, vence con el bien el mal. Te quiero hijo. Estoy orando por ti. Que tengas un buen día.

Creo que esta es una manera de reforzar la memoria y ayudar al valioso proceso de reflexión. Esta vez su respuesta fue casi inmediata.

—Gracias papá, yo haré lo mismo.

Podrá notar que sus palabras dejan ver un proceso reflexivo y de agradecimiento. Se evidencia una conexión que permanece viva. Yo dije: *"Estoy orando por ti"* y él permanece conectado conmigo cuando dice *"Yo haré lo mismo"*. Padre e hijo, orando uno por el otro ¡No puede existir mayor conexión que esta! Se trata de una conexión espiritual.

Hay dos elementos que podemos obtener de este capítulo. El primero es referente a la comunicación. Los padres debemos crear vías de acceso, no fronteras. El segundo elemento es que debemos lograr entrar al mundo de nuestros hijos. Manejar la tecnología que ellos manejan y ponerla en nuestro favor, no en nuestra contra. Algunos padres ya han construido fronteras, no vías de acceso, excluyéndose ellos mismos de la jugada. Como padres debemos admitir que hay cosas en el mundo de nuestros hijos que no podemos, ni debemos prohibir. Por el contrario, son cosas que debemos permitir y que en efecto debemos también regular.

El teléfono y sus mensajes son un ejemplo de esto. Pero el que se lleva el primer lugar, es sin duda el Internet, que nos ofrece un mundo de posibilidades en la construcción de vías de comunicación. El mayor peligro de Internet es, tal como al inicio decía, que potencialmente puede acercar a los que están lejos pero también puede alejar a los que están cerca. Esto se evidencia cuando vemos a nuestros hijos metidos en el *Messenger* o están en el *Facebook*® o simplemente, cuando están navegando por la red. De inmediato se puede palpar la desconexión que se produce entre ellos y el resto de su mundo. Esto sin mencionar los múltiples peligros que el Internet acarrea, como la pornografía, la entrada de un mundo de ideas a su hogar, la salida de información de su familia hacia el exterior, el contacto con extraños, alienación del muchacho, nuevo lenguaje y costumbres, etc.

De todos los peligros, el que más preocupa en relación a la comunicación en el hogar, es la desconexión familiar en sus múltiples líneas. En consulta, por ejemplo, he podido atestiguar la manera en la que la pareja se distancia. Muchos matrimonios están rompiendo gracias a *Facebook*® que ha logrado reencontrar a muchas personas con sus anteriores parejas, reanudando relaciones pasadas y terminando con la relación actual. Los maridos se reencuentran con ex-novias, y las esposas con aquellos romances inconclusos.

Pensemos en la siguiente escena que resulta cada vez más típica: El marido frente al monitor de su computadora. Agotado, ha terminado de contestar y enviar los *e-mails* o correos electrónicos a sus socios, y queriendo distraerse un poco, entra a *Facebook®*. En ese preciso momento recuerda a la "amiga incondicional" de la preparatoria y sólo por "curiosidad" se pregunta: ¿le estará yendo igual de mal que a mí? Claro que la pregunta se plantea bajo el enojo de una acalorada discusión con la esposa, ocurrida por el continuo reclamo de ella de que él se la pasa todo el día conectado a su computadora. Para colmo de males, el hombre se encuentra con que su ex-novia ya es divorciada o que nunca se casó. El siguiente paso, será enviarle una solicitud de amistad, un saludo, una foto, recordar aquellos tiempos ... terminando en una relación virtual, que les llevará a un reencuentro personal. Porque Internet tiene la virtud de generar *acercamiento, intimidad y empatía*.

Lo mismo sucede con la mujer que vive todos los días el desprecio y el descuido de su esposo. Todo el día encerrada en casa, únicamente con la compañía de su computadora. Así es como ella inicia su proceso de búsqueda en la red, navegando por los sitios en los que coincide con personas que sufren de lo mismo. *Chatea* con ellos. Como el efecto de la red es lograr ese acercamiento, intimidad y empatía, justo lo que ella necesita, inicia una relación virtual con un sujeto de otro país. Esto produce a la par un distanciamiento natural con su esposo—que lo tiene bien ganado. Lejos de una solución, se marcará así el inicio de la ruptura definitiva entre ellos.

Si Internet logra acercamiento, intimidad y empatía, ¿no será posible utilizar este efecto para revertir el distanciamiento natural en el hogar? Solo imagine esto, si en lugar de "satanizar" esta herramienta la utilizáramos para lograr la *conexión* entre padre e hijo, para fomentar la *intimidad* en la pareja, para buscar la *empatía* tan necesaria entre hermanos, y otras líneas relacionales ... ¡Las posibilidades serían infinitas! Sea creativo al construir vías de acceso entre usted y los suyos. Levantar fronteras es realmente fácil comparado con la monumental tarea que implica la construcción de vías de comunicación y acceso a todas las líneas relacionales en una familia.

OFREZCA A SUS HIJOS UN SENTIDO DE PERTENENCIA

La búsqueda constante de afiliación o pertenencia a un grupo es frecuente en la adolescencia. Pero en un adolescente con un trastorno del desarrollo como el Negativismo Desafiante, esta necesidad se potencializa. Estos jóvenes buscarán pertenecer a un grupo con desesperación, especialmente en aquellos momentos en los que su trastorno les lleva al aislamiento. Por desgracia, como antes decía, Internet puede abrir las puertas de un hogar y acercar al muchacho ante una gran cantidad de tribus urbanas que le van a ofrecer la satisfacción a esta necesidad. Si nosotros cerramos la puerta de la conexión relacional, de la pertenencia, alguien la abrirá por nosotros. Como consecuencia, perderemos a nuestro hijo.

Ante la necesidad de pertenencia, quisiera citar la muy conocida teoría de las necesidades humanas del afamado Abraham Maslow[17]. Este investigador de la conducta afirma que el ser humano está siendo impulsado, de manera constante, hacia la búsqueda de la satisfacción de diferentes necesidades que se irán presentando a lo largo de su existencia. Pensemos en la escalada de sus necesidades. Observe la gráfica:

Sus Necesidades

Realización
Competencia
Pertenencia
Seguridad
Fisiológicas

---

17 Maslow, Abraham. El hombre autorrealizado. España: Editorial Kairos, 1973

Lo explico de la siguiente manera: Imagine que usted está escalando una montaña (Maslow utiliza una pirámide) y que se siente ansioso por llegar a la cima. Llegar a la cima representa en la teoría de este pensador, lograr la autorrealización, producto de haber logrado la satisfacción completa de todas las necesidades anteriores que se fueron presentando en un momento de su vida. Según este autor, cada necesidad se irá presentando en su tiempo, y una vez satisfecha, se activará la siguiente, que una vez satisfecha, activará la que sigue, y así sucesivamente, hasta lograr la autorrealización.

Para ofrecerle un ejemplo de la manera en la que se presentan estas necesidades, pensemos en un niño. Su primera línea de necesidades está en torno a los asuntos **fisiológicos**: comer, dormir, evacuar, estar vestido, etc. Una vez satisfecho este primer nivel, el niño pensará en su **seguridad** al no querer sentirse amenazado por su entorno. La sola presencia de la madre le ofrecerá la satisfacción a esta necesidad, por lo menos, hasta que el jovencito entra a la escuela. Ahí experimentará nuevamente la inseguridad por su nuevo ambiente. Al paso del tiempo encontrará un grupo de amigos que le ofrecen cierta seguridad, pero a su vez, su mismo grupo social, le activará la necesidad de **competencia**.

Una nota importante ante este punto. Es típico que erróneamente, el sujeto confunda su necesidad de seguridad y pertenencia, identificando una como solución de la otra. Esta es una raíz importante en la *codependencia*. Lo que sucede, es que la persona asocia su seguridad a la pertenencia y sólo logrando la segunda siente que obtiene la primera. En realidad, el orden correcto es primero lograr la seguridad individual y esto facilitará el camino hacia la satisfacción de la pertenencia.

Podrá imaginar a su adolescente con la necesidad urgente de pertenecer, para logar sentirse seguro, que si su grupo destino de pertenencia le exige tatuarse, sin duda lo hará. Si le pide vestir de negro, así lo hará. Si le pide tener determinado peinado, ya adivinó, ¡seguro lo hará! Por esto, no podrá convencer a su adolescente de cambiar su estilo de vestir, de peinarse, de caminar, de hablar, de moverse, etc., porque él, por medio de todo esto, estará tratando de satisfacer su necesidad de pertenencia.

Continuando con la escalada, imagine al muchacho en el recreo, ante la selección de los dos equipos para un partido de futbol. Todos los que podrán ser seleccionados para jugar, él entre ellos y los dos líderes del grupo, escogiendo a quienes conformarán sus equipos. El líder apunta al que le parece un buen competidor y le dice: "Tú, conmigo". Lo mismo hace el segundo líder y así van seleccionando uno a uno a los de su equipo.

Imagine lo que experimenta nuestro muchacho, en la espera de ser seleccionado, "escalando" en aquella dura pendiente de sus necesidades internas, activando fuertemente su necesidad de pertenencia, que por fortuna, en el mejor de los casos, será satisfecha momentáneamente si es seleccionado. Como fue seleccionado en un ambiente de **competencia**, será vital luego para el joven anotar un gol. Esto, con la finalidad de demostrar que es competitivo y que valió la pena haberlo escogido.

Finalmente, si el muchacho logra anotar, experimentará por un momento la sensación de **autorrealización**. El problema es que el gusto le durará sólo algunos momentos. Por lo menos hasta que se presente en otro contexto que active nuevamente sus necesidades.

Escalar esta montaña será el pan nuestro de cada día. No sólo será experimentado por el muchacho durante su adolescencia, porque cuando llegue a la juventud habrá nuevas necesidades por cubrir. Como pueden ser el noviazgo, la competencia deportiva, la pertenencia social, la selección de la carrera y la consecuente pertenencia al gremio académico.

Cuando madure llegarán las necesidades laborales y familiares que le llevarán hacia la competitividad y reconocimiento de sus colegas, jefes, compañeros de trabajo, etc. Finalmente se casará, tendrá hijos y querrá pertenecer al grupo social de personas casadas y con hijos y la necesidad de ser un padre competitivo le arrastrará a comprar un libro sobre la educación de los hijos (como el que tiene en sus manos).

Terminará siendo un anciano con una muy fuerte necesidad de pertenecer a alguien. Quizá ahí comprenderá, al experimentar en mayor medida, el error de haber asociado su seguridad a la pertenencia, porque sus capacidades competitivas disminuirán y se sentirá todo un inútil. Y al ser puesto a un lado por su grupo social o familiar, el anciano se sentirá un estorbo.

Parece un final trágico. Pero si lo piensa, todo comienza con el adolescente que confunde *su seguridad con la pertenencia a grupos* y es ahí a dónde quería llegar.

Asimile el escenario que su adolescente experimenta cada día y ofrezca a su hijo el sentido de pertenencia familiar. Tómese tan solo unos momentos para comunicarle a su hijo que pertenece a la familia, que en su grupo primario de pertenencia (la familia) él es importante. Que cada uno de los miembros de la familia tiene un lugar y que lo que le pase a uno de ellos interesará a todo el sistema familiar.

La serie de acciones que les comunica a los hijos el sentido de amor y pertenencia han sido expuestas en los últimos capítulos de la presente obra. Pero a manera de repaso, le recuerdo que los padres ofrecemos a los hijos un sentido de amor y pertenencia por medio del **tiempo** que nosotros les dediquemos, por el **interés** que mostremos a sus problemas, por medio del **contacto** físico, mediante aquellas **miradas** de aprobación paterna, del establecimiento de **reglas** claras y la aplicación a tiempo de la **disciplina**, por el **conocimiento** que tenemos de sus gustos e intereses, etc. Trasmitir el sentido de pertenencia será una tarea constante, principalmente durante sus años de formación, es decir de los primeros 15 años. Busque monitorear y madurar este elemento en sus hijos. Le dará descanso en el futuro.

OFREZCA A SUS HIJOS UN SENTIDO DE INDEPENDENCIA

Educamos para la vida. Cuando le expuse el problema creciente de la inactividad en esta generación de jóvenes NINIS, le mencionaba que una de las raíces que pueden generar y alimentar este fenómeno social, se produce dentro del núcleo familiar. Me refería a los padres sobreprotectores que no permiten el sano desarrollo de sus hijos. Que los rodean de toda clase de comodidad y lujo. Según su lógica, creen que podrán evitarles el dolor o el sufrimiento. Ellos dicen: "No quiero que él sufra lo que yo sufrí".

Los padres que manejan esta filosofía de vida, dañan la estructura psicológica de sus propios hijos al "salvarlos" de la frustración. Bloquean su desarrollo y les generan un estado profundo de apatía ante la vida. Porque la vida es frustrante en su misma esencia. La vida tiene sus tiempos para ofrecernos sus placeres y privilegios, así mismo la vida también establece claramente sus límites. Los adultos estamos conscientes de que no obtendremos todo lo que deseamos en el momento en que lo deseemos.

Los padres necesitamos "frustrar" a nuestros hijos, hasta que ellos admitan ese margen de error en sus vidas llamado *tolerancia a la frustración*. Permita que su hijo "sufra" por lo que desea. Que trabaje con entereza por lo que quiere. Que se esfuerce por lo que necesita. Que se vea motivado a merecer lo que reciba. Si usted desea regalar algo a su hijo, bien hace ¡no se lo cobre! Pero hay cosas que no se deben regalar. Son cosas que usted y yo sabemos que exigen esfuerzo. Que se requiere de la espera para poder obtenerlas y que finalmente se logran recibir con un buen grado de frustración.

Por otra parte, también es necesario recordar que no hay plazo que no se cumpla. Tarde o temprano llegará el momento en el que debamos soltar a nuestros hijos. Habiendo llegado a este punto, le sugiero que establezca **rituales de iniciación**. Lo que Robert Lewis[18] llama *ceremonias*, en su libro: *Raising a Modern-day Knight* (Criando a un caballero moderno).

Los rituales son muy importantes para la vida del ser humano. Marcan la memoria en un punto. Logran establecer el concepto de cambio en la persona, su familia y su entorno. Establecen el "parte aguas" de una vida. Pensemos: el nacimiento se envuelve en todo un ritual de bienvenida. Los funerales, son un ritual de despedida. Cuando nos casamos, celebramos un ritual de unidad. El divorcio es un ritual que establece la ruptura. Las graduaciones son un ritual de iniciación de la persona al mundo profesional. Cuando cumplimos un año más de vida, celebramos un ritual de alegría, principalmente cuando los cumpleaños nos llevan a brincar a una nueva década. Como puede ver, estamos rodeados de rituales.

También será por medio de un ritual que los padres podamos marcar la memoria de nuestros hijos. Hacerles ver que están comenzando una nueva etapa en sus vidas.

Los rituales de iniciación hacia la independencia, hasta el momento de escribir esta parte, han sido más claros en mi hijo mayor. Era su cumpleaños número 15 y yo quería hacer algo especial con él. Después de todo, mi hijo dejaba la adolescencia y entraba a una nueva etapa: la juventud.

El ritual de iniciación comenzó por la mañana. Ambos nos rasuramos. Debo decirle que era la primera vez que se rasuraba. Con esta acción yo le modelaba uno de los elementos que le acompañarían a partir de ese momento. Como antes mencioné, en los cumpleaños de mis hijos, acostumbro dedicar el día al que celebramos. Así es que nos fuimos a desayunar juntos. Ya en el desayuno le dije que ese día era muy especial para mí. Que esperaba con mucho entusiasmo ese momento. Que había muchas sorpresas esperándole ese desayuno.

Ya en el restaurante, después de ordenar, mientras nos traían el desayuno, comencé por decirle que había pensado mucho en lo que le diría en ese día. Y que para no dejar ni un detalle, le había escrito una carta. Una carta que mi hijo mayor y yo queremos compartir con usted.

---

18 Lewis, Robert. Raising a Modern-Day Knight. Illinois, USA: Editorial Tyndale , 2007

Hijo:

Qué orgullo poder compartir contigo este momento. Por medio de esta carta, quiero darte la bienvenida a esta nueva etapa en tu vida. Este es justo el momento en el que dejas la adolescencia para convertirte en un joven. Ya verás cuán emocionante puede resultar vivir tu juventud.

Para comenzar, quiero que sepas lo que tú has significado para mí todos estos años. Desde que naciste, has ocupado un lugar muy especial en mi vida. Contigo comencé a explorar la paternidad. De hecho, puedo decirte que tú me enseñaste a ser padre. Tú fuiste del primero que escuché la palabra "papá". Siempre recordaré cuando te miré por primera vez a los ojos. En ese momento, nació en mí un fuerte impulso por cuidar de ti, por protegerte y suplir todas tus necesidades.

Hijo, quiero agradecerte la adolescencia que me has regalado. Siempre en control de ti. Siempre en la búsqueda de hacer lo correcto. Todo te dará su fruto a su tiempo. Seguro que recibirás tu recompensa por respetar, hasta ahora, el código que nos rige. Sabes a qué me refiero.

Gracias por estar a mi lado en los momentos más importantes de mi vida. ¿Recuerdas cuando me gradué de la maestría? Tú estabas a mi lado. Y yo, con orgullo te brindé mi esfuerzo. Nos abrazamos y nos alegramos juntos. Cuando compramos nuestra primera casa, recuerdo que me ofreciste tus 200 pesos que sumaban tus ahorros. Siempre dispuesto a dar lo que tienes por el bien de la familia. Yo te dije que lo conservaras, y que si lo requería, te lo haría saber. Gracias por ser siempre un respaldo en mi vida. ¿Ya notaste que fuiste tú quién estaba a mi lado para darle la bienvenida a cada uno de tus hermanos? Quizá no sepas, pero me apoyé en ti. Sabía que podía contar contigo.

Hijo, quiero agradecerte por estar a mi lado cuando murió mi padre. Nunca te dije esto, pero, aliviaste mi dolor sólo por estar a mi lado. Comprensivo. Silencioso. Y en el reciente fallecimiento de mi madre, nuevamente tú, en silencio y comprensivo, permanecías firme a mi lado. Eres un compañero leal. Sé que sentías mi dolor, porque eres mi mejor amigo.

Ahora, es tu turno. Y mientras el Señor me lo permita, permaneceré a tu lado y podrás contar conmigo, tanto como yo sé que podré contar contigo. Te quiero hijo.

Tu papá.

Después de leerle la carta, aquella plática había tomado un ambiente excelente para hablarle de los nuevos retos que enfrentaría. Que esta nueva etapa le traía nuevas relaciones como son los amigos de preparatoria, noviazgo, deporte, nuevas responsabilidades, etc. Que se encontraba justo en el camino rumbo a su independencia emocional y económica. Por cierto que nuestra plática giró particularmente hacia este último asunto.

—Hijo, creo que estamos en un punto en tu vida en la que ya debes comenzar a manejar tu propio dinero. —Mientras le hablaba, yo estaba sacando un sobre que guardaba en la solapa de mi chamarra. Le entregué el sobre que contenía una tarjeta de Débito y una ficha de depósito bancario.

—Mi regalo para ti, es una cuenta bancaria, con un depósito de cinco mil pesos.

—¿Todo este dinero es mío? —respondió muy sorprendido.

—Así es —respondí.

—Y … ¿puedo gastarlo en lo que yo quiera? —preguntó todavía, con muchas dudas.

—Así es. Podrás utilizar todo ese dinero en lo que a ti te parezca. Sólo debes saber algo respecto a las cuentas bancarias y es que no puedes dejarlas en ceros. Porque si queda en ceros, el banco te cobra el manejo de cuenta.

—¿Y si cancelo la cuenta? —Pronto respondió.

—No puedes hacer esto. Es esta le lección que debes comenzar a aprender. Este será el comienzo de tu historial bancario. Una cuenta bancaria, es una de las herramientas más útiles en la vida si sabes cómo manejarla. Si no, se volverá una de las peores maldiciones que te llevarán a la bancarrota, deudas y estancamiento económico.

—No quisiera cometer errores con el dinero, ¿qué crees que debo hacer? — dijo muy pensativo.

—Por más que prevengas, en asuntos de dinero, terminarás cometiendo errores. Porque las riquezas, dice la Biblia "son inciertas" (1Timoteo 6:17). Lo que sí puedes hacer, es calcular tus movimientos paso a paso. Por ejemplo, por ahora te recomiendo que gastes cierta cantidad, digamos de quinientos a mil pesos. Proponte dejar el resto para nuevos gastos. Te sugiero que dejes algunos mil pesos permanentemente. Esto te aliviará de pensar en el gasto que implica el manejo de cuenta. Por otro lado ¡tengo otras noticias qué darte! Ahora que estás a punto de entrar a la preparatoria yo estaré depositando las colegiaturas en tu cuenta para que tú seas el responsable de pagar, en tiempo y forma, tus colegiaturas. Así es que, estarás manejando cantidades razonables de dinero. Desde ahora, comenzarás a poseer documentos importantes: tarjetas bancarias, permiso de conducir, credenciales y otras cosas más.

Con mucha satisfacción, le diré que este muchacho ha manejado de manera excelente sus asuntos bancarios y escolares. Actualmente está en cuarto semestre de su preparatoria y aquél ritual de iniciación, está cumpliendo su cometido. Ha realizado sus pagos en tiempo y forma. Ha mantenido un promedio muy aceptable y pertenece al equipo de Basquetbol. Siguiendo con el proceso de independencia económica en mi hijo, y para motivarlo, hice un trato con él respecto a la beca que obtuvo por sus calificaciones. Le dije que yo prefería darle ese dinero a él, que a la escuela. El trato fue entonces que mientras él mantuviera su beca, yo estaría depositándole la misma cantidad que él ganara, *porque él gana con su esfuerzo ese dinero*, y que saliendo la preparatoria, aquel dinero se utilizaría para comprar su primer auto. El plan que estoy desarrollando con él es que al término de su preparatoria tenga su propio auto, lo que le ofrecerá otro elemento de independencia. De cualquier manera le aclaré que a pesar de que tuviera un auto propio, los permisos seguirán en mi poder.

AYUDA A QUE TU HIJO RECUPERE EL CONTROL
Y LE DÉ SENTIDO A SUS IMPULSOS

QUINTA PARTE: LA FUNCIÓN MATERNA

La función materna resulta determinante para el éxito en el tratamiento del Negativismo Desafiante de los hijos. Si bien es cierto que los padres ayudan al establecimiento y buen funcionamiento de los conceptos de la IDEA en la familia y mantienen un papel básico en la realización de las tres tareas, son las madres quienes aplican todos los conceptos antes descritos en casa. Son ellas las que cada día hacen valer las reglas en el hogar y ejecutan las consecuencias focalizadas y dimensionadas que la pareja previamente ha acordado. Son las madres quienes llevan la agenda de la familia y establecen las rutinas de los hijos, que favorece la creación de hábitos saludables en ellos, tan necesarios en el tratamiento de este trastorno.

Las madres representan bien la parte afectiva en el tratamiento del Negativismo Desafiante. Son ellas quienes pueden lograr la permanencia de los vínculos afectivos mediante la conciliación de las partes. Cuando el hombre se siente sofocado por los constantes arrebatos de su adolescente o se encuentre encerrado ante la negativa del muchacho, es la madre quién siempre al final, logra encontrar la mejor salida al conflicto.

Finalmente ellas son las que lidian con el Negativismo Desafiante todos los días, lo que puede darles una perspectiva mucho más objetiva del progreso o retroceso en el tratamiento del desafiante.

He dejado para el final el manejo de la relación entre el hijo desafiante y su madre. Esto, por varias razones. Entre ellas porque pedí a mi esposa su valioso apoyo para poder escribir esta última sección. Por lo mismo, esta parte expresa el sentimiento natural que fluye de una madre que trabaja muy de cerca con el Negativismo Desafiante de su hijo. Por mi parte, me propuse recabar información de muchas otras madres de familia que sufren de manera constante -y en mayor medida que los hombres- la relación tirante con su hijo desafiante. Esta sección es producto de la suma de ambas cosas.

LA MADRE: UN CAUDAL DE EMOCIONES.

Algunas líneas más arriba le decía a usted que las madres representan bien la parte afectiva en el tratamiento del Negativismo Desafiante. Pero esto puede resultarle también contraproducente, porque con mucha frecuencia la parte afectiva, termina por convertirse también en la parte receptora de los continuos desplantes agresivos del desafiante. Por si esto no fuera suficiente, también *algunos esposos descargan toda su frustración contra la madre, culpándole por la conducta rebelde de su adolescente.*

Ante esto, he rastreado toda clase de emociones en las madres que tratan con un hijo *desafiante y un esposo punitivo.* Algunas de ellas expresan vivir bajo altos niveles de frustración, porque son heridas por la conducta agresiva de su adolescente y rematadas por el comentario punitivo y sarcástico del esposo. Esto satura el corazón de estas madres de una sensación de fracaso, incompetencia e impotencia. Sienten que son malas madres porque algo han hecho mal y la conclusión errónea, a la que muchas de ellas han llegado es que *son ellas el problema y no parte fundamental de la solución.*

Otras madres, cansadas de ser siempre las culpables de todo lo malo que pasa con el adolescente se llenan de enojo y de un profundo rencor hacia su hijo y su esposo. Cuando una madre toma este camino se transforma en una mujer controlada por sus impulsos emocionales, lo que finalmente le llevará a ser corajuda, explosiva, resentida y amargada.

LA MUJER EN EL CAMINO EQUIVOCADO

Algunos capítulos anteriores, hablando de las secuencias destructivas en la familia, explicaba que cuando los padres entramos a un territorio emocional perdemos el control y llegamos a cometer los peores errores. Lo mismo sucede con la madre que ha tomado el camino emocional. Cuando alguna mujer toma este rumbo, comete errores típicos. Permítame citar algunos:

AUTO-CONMISERACIÓN

Las peores enfermedades que el ser humano pueda experimentar, son las llamadas autoinmunes. Porque en esencia es el cuerpo contra el cuerpo. El sistema inmunológico es el encargado de protegernos de los ataques de los virus, hongos y bacterias. Pues, ante las enfermedades autoinmunes, el sistema inmunológico se predispone en contra de las células del mismo cuerpo y las ataca. El absurdo es que el mismo sistema encargado de proteger al cuerpo contra los ataques externos se vuelva el agresor interno, atacando partes del cuerpo en lugar de protegerlas. ¿Cómo vencer a un enemigo interno, cuando el enemigo somos nosotros mismos?

Este el caso de la *auto-conmiseración*. Apenas el primer eslabón de la cadena y uno de nuestros peores enemigos porque emerge de nuestro interior. La mujer conmiserada, lame sus llagas, siente lástima de sí misma y llora su condición miserable, que ella así califica y entiende como resultado directo del trato agresivo de su adolescente y su esposo.

El problema básico de la auto-conmiseración es que produce, en la persona que lo padece, una visión rígida de las circunstancias que vive. Bloquea la capacidad de razonar y le encierra en un espiral de tristeza que poco a poco se volverá en tierra fértil para la depresión. La capacidad del ser humano para encontrar salidas a los problemas es bloqueada cuando el sujeto interpreta las diferentes acciones de las personas con las que convive como mal intencionadas hacia su persona. Esto, le encierra en conclusiones irracionales que le llevarán al pozo de la desesperación.

CHANTAJE EMOCiONAL

El siguiente eslabón en la cadena emocional surge después de haber tomado el camino de la auto-conmiseración. La mujer que sucumbe ante la seducción de la auto-conmiseración se abraza del papel de víctima. Esto enardece al desafiante quién responderá con mayor agresión.

A su vez la mujer, al ver la respuesta agresiva de su hijo genera nuevas razones para sentirse la víctima del muchacho, lo que le puede llevar a tomar mucho más el papel de víctima, arrastrando así a la relación madre-hijo a un espiral que termine por herir de manera definitiva la relación.

El papel de víctima jamás convencerá al desafiante de su error. Por el contrario, al saberse enredado en el remolino del chantaje emocional, hará todo lo posible por liberarse de la asfixia que esto le produce. He escuchado a muchos adolescentes expresar el enojo que les causa ver sufrir a su madre, y hasta el momento, ni uno solo ha expresado arrepentimiento de haber causado dolor a su madre por su conducta rebelde.

COALICIONES

El tercer eslabón de la cadena se llama "coaliciones." Una vez iniciada la secuencia de la auto-conmiseración y el chantaje, se hacen presentes los "acuerdos bajo la mesa". Esos contratos que obligan a mantener lealtades inadecuadas dentro del núcleo familiar. La base que estimula la creación de coaliciones dentro de la familia, es el agotamiento en el que a estas alturas se encuentra la madre. Los continuos ataques del desafiante, sumados al sarcasmo del esposo punitivo, generan una fuerte necesidad de comprensión y apoyo en la mujer, lo que le lleva a elegir, con mucha frecuencia, a otro de sus hijos con el que sienta mayor empatía. El hijo elegido para esta función frecuentemente resulta ser el mayor, esto se debe a que la gran mayoría de ellos toman el lugar de *conciliadores* en un sistema familiar, lo que les "obliga", bajo estas circunstancias, a velar por lo intereses de su madre. Cuando el mayor toma consciencia del abuso y la presión bajo el que se encuentra su madre, toma partido en las discusiones. Esto marca el punto de inicio en el que se arman los equipos dentro del hogar.

El problema básico de las coaliciones, es que las alianzas que se forman unen, bajo un acuerdo de *lealtad incondicional* a dos miembros de la familia que ostentan diferente nivel de jerarquía. Esto produce dos problemas entrelazados: primero, **le otorga poder** al hijo coaligado. Lo que genera a su vez, el segundo problema: **guerra entre hermanos**. Como verá, la cadena emocional poco a poco atrapa a quienes acudan a ella, generando círculos de reacción en cadena. Como una bola de nieve que crece a su paso. A estas alturas, la familia creerá que tiene entre manos un problema irresoluble.

Una vez que el tercer eslabón de la cadena entra en acción, las coaliciones se fortalecen más y más convirtiendo a la familia en tierra de nadie. Las fronteras quedan difusas y el poder se pierde. La jerarquía se rompe. La familia termina siendo el blanco del manejo abusivo del poder, mejor conocido como: Manipulación.

MANIPULACIÓN

A la llegada del cuarto eslabón, las lecciones ya están dadas. La guerra familiar se encuentra en franco apogeo y cada miembro de la familia, buscará satisfacer de manera egoísta sus propios deseos. La madre busca la comprensión del marido, el adolescente lucha por liberarse de la responsabilidad que la madre quiere atribuirle y en su intento crea una alianza secreta (coalición) con su padre, al menos cuando mejor convenga a sus intereses. El hermano, coaligado con su madre, luchará por defenderla de su propio hermano. El padre le dirá entonces al hijo mayor: "¡Tú no te metas!". La madre saldrá al rescate de su "socio" poniéndose en contra de su esposo: "Él no es el problema, sino tú, que no haces nada por controlar al menor."

Ante semejantes circunstancias, los vínculos relacionales sufrirán en todas sus líneas: Marido-Mujer, Padre-hijo, Madre-hijo, Hermano-Hermano. La manipulación gobierna y hace de las suyas en estos hogares. Ante los cuatro eslabones de la cadena: auto-conmiseración, chantaje emocional, coaliciones y manipulación lo único que la madre obtiene es someter a su sistema familiar a juegos psicóticos que enfermarán hasta la locura a cada uno de los miembros que lo compongan.

Las investigaciones de Ronald D. Laing y Aaron Esterson sugieren que los factores desencadenantes y el posterior desarrollo de una enfermedad tan compleja como la esquizofrenia, bien pueden encontrarse dentro del seno familiar. Esto lo descubrieron mediante una plena identificación y comprensión de las secuencias de comunicación y relación familiar que se produce en estos hogares (Laing y Esterson 1995)[19].

Ellos observaron que los pacientes que sufrían este trastorno, al ser internados después de un brote psicótico, mejoraban notablemente. Pero reconocían que no se trataba de los medicamentos, sino de la extracción del sujeto de su sistema familiar.

Esto les llevó a buscar en los procesos de comunicación y relación familiar que se daban en los hogares de once familias de pacientes esquizofrénicos. Y registraron los resultados en su libro: "Cordura, locura y familia". Si usted identifica en su casa secuencias que encadenan a usted con su esposo o sus hijos –como la antes descrita- tome el asunto con seriedad. Libere a su familia de la locura.

Debo aclarar en este punto, que la secuencia de eventos antes narrada, puede ser iniciada igual por la mujer como por el hombre. Quién sea que inicie la secuencia, el final siempre será el mismo: convertir al sistema familiar en un territorio hostil para todos sus miembros y en tierra fértil para toda clase de trastornos mentales y emocionales. La cadena emocional, tiene siempre los mismos eslabones: auto-conmiseración,

---

19 Ronald D. Laing, y Aaron Esterson. Cordura, locura y familia. México: Editorial Fondo de Cultura Económica, 1995.

chantaje emocional, coaliciones y manipulación. Y ya que supongo que este texto puede ser leído igual por ambos padres, la sugerencia es, no transitar -ninguno de los dos -por este camino destructivo de la libertad familiar. Si usted -marido o mujer -ha tomado este camino, retroceda. De lo contrario, meterá a su familia a un problema mucho mayor que el que supone el trastorno del desarrollo de Negativismo Desafiante.

LA MUJER EN EL CAMiNO ADECUADO

Esta serie de recomendaciones específicas para las mujeres, deberían ser tomadas muy en cuenta por los hombres. No pretendo de ninguna manera decir que esto es lo que a las madres, exclusivamente les toca realizar. En la familia somos todos un solo equipo, lo que significa que, marido y mujer estamos comprometidos, uno con el otro, a realizar la parte que nos toca para que las relaciones familiares funcione mucho mejor. No obstante, por la tendencia natural que la mujer manifiesta de relacionarse de manera más emocional que racional, sea con el marido o los hijos, las sugerencias están diseñadas pensando en usted.

NO SE POLARiCE

La tendencia natural de la mujer, ante la negativa oposicionista del desafiante, es la polaridad. Quiero decir, buscar obligarlo a realizar lo que usted le pide colocándose en el polo opuesto. Nunca olvide que, si usted hace alguna petición a su hijo y él le responde ¡No! jamás debe intentar forzarlo, porque inevitablemente entrará en una polaridad. Ante escenas como esta, recuerde que los padres tenemos el poder y sencillamente nos toca aplicarlo. Si su adolescente no obedece, simplemente, aplique el poder y por amor a usted misma, manténgase firme cumpliéndole lo que usted misma le impuso como consecuencia. Bajo la negativa de su hijo, cierre la llave de las bendiciones y verá un cambio en sus actitudes.

Puedo imaginar el enojo, tristeza, dolor y frustración que la negativa de su hijo puede producir en su corazón, pero no olvide que él está en el mismo canal emocional que usted. *Lo que les llevará a ambos a respuestas emocionales de las que no se podrá obtener jamás un razonamiento lógico.*

Mantenga una actitud racional ante las respuestas emocionales de su hijo. Conserve en mente muy en claro las consecuencias focalizadas y proporcionales que los actos de su hijo merecen, *no las intenciones que usted interprete de las palabras que él utilice*. Finalmente, permanezca firme en la aplicación de las consecuencias lógicas.

FORME UNA ALiANZA CON SU MARiDO

Antes me referí a las coaliciones dentro del sistema familiar. Con el esposo, usted no forma una coalición, porque marido y mujer ostentan el mismo nivel de poder en la jerarquía familiar. Lo que debe buscar formar con él, es una alianza. Un frente unido. Un acuerdo. Una complicidad. La mejor noticia que le tengo a este respecto es que la creación de la alianza fuerte en el binomio Marido-Mujer logrará romper de un golpe las coaliciones formadas entre alguno de los padres y sus hijos.

Coaligarse con alguno de los hijos solo empeora la problemática familiar. Si usted no se siente apoyada por su marido, dígaselo. Si no hace caso, vuelva a intentar y si a pesar de esto no logra resultados, intente de alguna otra manera, pero no busque el respaldo que usted necesita en alguno de sus hijos, porque se meterá en un mayor aprieto.

Los maridos que lean esta parte, deben saber que su esposa necesita urgentemente de su respeto y respaldo. Forme un frente unido con su mujer. El hombre que no sabe mantener la alianza con su esposa, muestra mucha inmadurez. Considere además que terminará por herirla y llenarla de enojo. Ella acumulará dolor que con el paso del tiempo se convertirá en un profundo rencor contra usted. Sepa que llegará el día en el que su hijo desafiante junto con sus otros hijos se irán de la casa y usted terminará sus días viviendo con una mujer enojada: ¡Dios guarde la hora!, porque ahí le cobrará todas las facturas que usted le debe. Nosotros elegimos a una persona para vivir el resto de nuestras vidas y esa persona es la esposa, no los hijos. Cumpla su palabra a la persona con la que se comprometió.

Para lograr formar la alianza antes referida y romper las coaliciones, he trabajado por años, prescribiendo a muchos matrimonios un ejercicio en pareja propuesto por la Escuela de Milán. Prescripción diseñada en las investigaciones de Mara Selvini Palazoli[20] y su equipo.

---

20 Selvini Palazoli Mara y otros. *Los juegos psicóticos de la familia*. España: Editorial Paidós, 1990

Se trata de lograr crear un secreto entre marido y mujer. Una complicidad que les llevará a guardar la información generada a partir de una desaparición de casa planeada por ambos. La tarea se realiza de la siguiente manera: **Primero**, escriban una nota a mano por alguno de ustedes, que simplemente diga a los hijos: "Hoy decidimos salir." **Segundo**, la nota se coloca en algún lugar visible, digamos, el refrigerador o donde pongan sus recados importantes. **Tercero**, desaparecen sin que ninguno de sus hijos note su salida. No den pistas. Deben elegir un día que nadie espera que ustedes salgan. Sin bolsas de mano o ropa que les sugiera que saldrán. Si esto genera ansiedad en alguno de ustedes por la edad de sus hijos, podrán permanecer cerca de casa, pero sin que los hijos los vean. **Cuarto**, a su regreso, no informen a ninguno de los hijos sobre el lugar en dónde se encontraron las últimas horas. No lleguen con bolsas de compras, boletos de cine o teatro, o alguna otra cosa que les permita descubrir el secreto. **Quinto**, ante las preguntas curiosas e inquisidoras de los hijos coaligados, la única respuesta válida es:

"Este es asunto de tu papá (mamá) y mío."

Frase dicha con todo respeto a los hijos. En la medida en la que la pareja no descubra el secreto, logrará crear y fortalecer la alianza Marido-Mujer. Además, ambos lograrán romper los acuerdos (coaliciones) creados en torno a la relación de otras líneas como son: Madre-Hijo(a) o Padre-Hijo(a), que son las que "obligan" al cónyuge coaligado a informar sobre el asunto.

Esta prescripción, llamada Invariable, bajo el cuidado y análisis de un experto terapeuta familiar sistémico, logará ofrecer a la familia que acuda a terapia, un caudal de información valiosa para lograr muchos más cambios. Por el momento y para el propósito que la presente exposición persigue, que baste la explicación para ver sus resultados.

ACTIVE EL TERCER PODER

Cuando marido y mujer se unen en el proyecto de educar a los hijos, activan lo que llamo: "El tercer poder". En un hogar, existen tres poderes: el poder del padre, el poder de la madre y el poder que resulta de la suma de ambos poderes. Cuando los padres estamos de acuerdo en algo, no existe desafío alguno que logre derrotar la suma de poderes.

Los hijos, desafiantes o no, se someterán al tercer poder de manera inevitable. Cuando los padres cerramos filas, los hijos se someten. Pero si ellos advierten un resquicio entre ustedes, por pequeño que sea, les harán entender que no existe el frente unido. Entonces ellos, buscarán hacer mucho más grande aquella pequeña grieta. Por lo mismo, debe advertir que a sus hijos no les conviene que los padres se unan y se pongan de acuerdo. De manera constante, los hijos buscarán aliarse a alguno de ustedes, poniendo en peligro la unidad de la relación Marido-Mujer y rompiendo el frente unido al crear una coalición. Esto atrapará a la familia en la cadena emocional antes referida, pero sobre todo, terminará por invalidar el manejo funcional y adecuado del tercer poder. Mantenga la unidad.

UNA RED DE APOYO Y SOPORTE

Forme en torno a usted, una red de apoyo y soporte. Muy al principio propuse un trabajo multidisciplinario para enfrentar el Negativismo Oposicionista de su hijo. Hice un llamado así mismo, a los profesionales de la salud mental y emocional a que tengamos contacto con los jóvenes que sufran de este trastorno del desarrollo, a trabajar en equipo. Imagine por un momento: maestros, médicos y psicólogos, sumando esfuerzos para el bienestar de las familias.

Ahora, el llamado es para usted, padre ó madre de familia que lucha en el campo de batalla. Sírvase de las redes de apoyo social que los profesionales formamos en torno a las familias, con el propósito de atender casos como el suyo. Coordine sus esfuerzos con los profesionales que estén al tanto de la evolución del trastorno del desarrollo de su hijo.

A este respecto, si de algo sufrimos de manera constante los psicólogos, es de la falta de adherencia terapéutica de parte de los pacientes que atendemos. Quiero decir que será muy importante que usted coopere con las tareas indicadas por el profesional. Que siga al pie de la letra las estrategias de cambio que el psicólogo proponga para tratar su caso y que añada entusiasmo a cada sugerencia que él le proponga.

Lo anterior describe la red de apoyo y soporte social exterior al sistema familiar. Pero dentro de su sistema familiar, también busque trabajar en equipo. No trate de enfrentar este trastorno de manera individual porque terminará frustrado(a) y muy agotado(a). El trabajo en equipo logrará activar a su hijo en sus dos funciones básicas que son: como hijo y como hermano. Involucre a cada miembro de su familia en el tratamiento del Negativismo Desafiante de su hijo.

PALABRAS FINALES

A nte los tratamientos familiares, no existen los remedios garantizados o infalibles. Espero que el comentario no le desanime. Quiero ser objetivo y ubicarlo en la situación real que usted y yo enfrentamos: somos padres de hijos oposicionistas desafiantes y estamos criando voluntades. Esto significa que a pesar de que usted siga al pie de la letra todas las indicaciones aquí propuestas, esto no garantizará que su hijo tomará las mejores decisiones con su vida.

He tratado con muchos padres ejemplares en consulta. Padres que dedicaron suficiente tiempo a sus hijos, que buscaron formar buenos hábitos en ellos, que aplicaron la disciplina a tiempo y en amor, que ofrecieron a sus hijos un sentido a sus vidas, que les manifestaron afecto de muchas maneras y tantas otras cosas más y que después de descubrir que su hijo utiliza drogas o que la hija salió embarazada o que descubren a su hijo robando algo, etc., expresan con una buena carga de dolor y confusión: "Pero ... ¿qué hice mal?". Claro que el evento puede confundir a cualquiera, pero los padres, jamás debemos perder de vista que estamos criando voluntades. Y que finalmente nuestros hijos tomarán la decisión que terminará por transformar sus vidas para bien o para mal, y que nosotros no podremos evitarlo.

Y si llegáramos a tener un final así, la pregunta obligada es ¿para qué nos esforzamos tanto? La respuesta es: **para no ser el factor desencadenante de la toma de una mala decisión de parte de nuestros hijos**.

Actualmente me encuentro en la tercera etapa del desarrollo de la vida de mi hijo -15 a 20 años-, y estoy consciente de que las tormentas que están por llegar a mi hogar prometen ser muy intensas, porque en la medida en la que los hijos crecen, también crecen los problemas y pruebas que ellos y nosotros como padres debemos enfrentar. A él por su parte le esperan nuevos caminos por seguir y muchas decisiones trascendentes por tomar, como la carrera profesional y su noviazgo. Las tentaciones llegarán en avalancha porque esta etapa será envuelta por la peligrosa influencia de sus amigos y por el deslumbrante glamour de la sociedad. A mí me esperan noticias que removerán muchas cosas en mi núcleo familiar. Noticias que implican retos a superar y que he decidido tomar porque estoy convencido de que formarán parte de la misión que Dios me ha confiado.

Sé que mis hijos –particularmente el desafiante- no están vacunados en contra de las adicciones, embarazos y tantos otros riesgos posibles en sus vidas. Por esto he platicado toda clase de temas con ellos, entre otros, como lo ha leído antes, el tema sexual. Tratando de hacerles entender su responsabilidad ante esta clase de decisiones, en una plática profunda que tuve con ellos les dije lo siguiente:

—Sé que no podré cuidar de ustedes toda la vida. De hecho, ni siquiera puedo cuidarles por todo un día completo. Como ven, la mayor parte del día la pasan en su escuela, con sus amigos o en la calle. Cuidar de ustedes, **es su propia responsabilidad**. Quiero que sepan que si algún día alguno de ustedes llegara a mí para decirme: "papá, embaracé a mi novia" … En ese momento, me voy a levantar de mi lugar, iré hacia ustedes, les daré un fuerte abrazo y les diré: "¡Felicidades hijo! Vas a ser papá". Pero después les preguntaré: Y … ¿Cómo le piensas hacer? Porque seguramente ustedes podrán contar conmigo y no les voy a dar la espalda, pero también deben comprender que aquello será su responsabilidad, no la mía. Tomaron la decisión valiente de utilizar su cuerpo, asuman también la responsabilidad que esto trae, con valor.

Espero que esto jamás ocurra en la vida de nuestros hijos, pero tan fuerte es el deseo de que no ocurra como la posibilidad real de que llegue a ocurrir. No puedo negar que mis hijos tienen: voluntad propia, cuerpo propio, tiempo propio, decisiones propias y que tarde o temprano terminarán por tomar decisiones trascendentes. Espero, para entonces, no sentir la responsabilidad de haber detonado esa clase de decisiones equivocadas en ellos, para esto me esfuerzo todos los días. *No para garantizar buenas decisiones en ellos, sino para garantizar la tranquilidad en mi corazón por haber cumplido con la responsabilidad paterna de guiarles, y estar seguro de que en efecto hice lo que me tocaba en el momento en que debía.*

Claro que ante semejantes circunstancias lloraré por ellos sólo de imaginar todo lo que les espera con alguna decisión equivocada. Pero después, a ellos les tocará llorar, y yo podré entonces … dormir tranquilo.

AYUDA A QUE TU HIJO RECUPERE EL CONTROL
Y LE DÉ SENTIDO A SUS IMPULSOS

BiBLiOGRAFÍA

- American Psichiatric Association (1995). DSM-IV. *Manual diagnóstico y estadístico de los trastornos mentales (4ª ed.).* Barcelona: Editorial Masson, 1995.

- Lewis, Robert. *Raising a Modern-Day Knight.* Illinois, USA: Editorial Tyndale , 2007.

- Maslow, Abraham. *El hombre autorrealizado.* España: Editorial Kairos, 1973.

- Mc Dowell, Josh, *La generación desconectada.* El Paso, Texas, USA: Editorial Mundo Hispano, 2002.

- Piaget, Jean. *Seis estudios de psicología.* Colombia: Editorial Labor, 1995.

- Rousseau, Joan Jacques. *El contrato social.* México: Editorial Porrúa, 2010.

- Ronald D. Laing, y Aaron Esterson. *Cordura, locura y familia.* México: Editorial Fondo de Cultura Económica, 1995.

- Santa Biblia. Versión 60 Reina Valera. Nashville, Tennessee, USA: Holman Bible Publishers, 1990.

- Selvini Palazoli Mara y otros. *Los juegos psicóticos de la familia.* España:

- Editorial Paidós, 1990.

- Shema: disponible en http://es.wikipedia.org/wiki/Shem%C3%A1_Israel

- Uriarte Bonilla, Víctor. *Psicofarmacología.* México: Editorial Trillas, 1997.

- Villegas, Orlando. *Investigación.* México, Buenos Aires, Detroit y Filadelfia. Disponible en orlando4psy@hotmail.com

- Welch Jack. *World Business Forum* (2010): disponible en http://inspire.hsmglobal.com/JackWelch

- World Health Organization (1992). Clasificación estadística de enfermedades y problemas de salud. Citado del DSMIV.

ÍNDICE DE REFERENCIAS

1. American Psychiatric Association (1995). DSM-IV. Manual diagnóstico y estadístico de los trastornos mentales (4ª ed.).

2. World Health Organization (1992). CIE10 Clasificación estadística de enfermedades y problemas de salud. DSMIV. Pág. 88

3. World Health Organization (1992). CIE10 Clasificación estadística de enfermedades y problemas de salud. DSMIV. Pág. 89

4. American Psychiatric Association (1995). DSM-IV. Manual diagnóstico y estadístico de los trastornos mentales. Pág. 96-97.

5. World Health Organization (1992). CIE10 Clasificación estadística de enfermedades y problemas de salud. DSMIV. Pág. 98-99

6. American Psychiatric Association (1995). DSM-IV. Manual diagnóstico y estadístico de los trastornos mentales. Pág. 90-91.

7. World Health Organization (1992). CIE10 Clasificación estadística de enfermedades y problemas de salud. DSMIV. Pág. 94-96

8. Uriarte Bonilla, Víctor. Psicofarmacología. México: Editorial Trillas, 1997.

9. Orlando Villegas. Investigación. (México, Buenos Aires, Detroit y Filadelfia). orlando4psy@hotmail.com.

10. Jean Piaget. Seis estudios de psicología. (Colombia: Editorial Labor, 1995): Pág. 28

11. American Psychiatric Association (1995). DSM-IV. pág. 97 [énfasis añadido]

12. Joan Jacques Rousseau. El contrato social. (México: Editorial Porrúa, 2010.) pág. 25

13. Joan Jacques Rousseau. El contrato social. (México: Editorial Porrúa, 2010.) pág. 3

14. Shema: disponible en http://es.wikipedia.org/wiki/Shem%C3%A1_Israel

15. Jack Welch. World Business Forum (2010): disponible en http://inspire.hsmglobal.com/JackWelch

16. Josh Mc Dowell, Josh, La generación desconectada. (El Paso, Texas, USA: Editorial Mundo Hispano, 2002). Pág. 15

17. Maslow, Abraham. El hombre autorrealizado. España: Editorial Kairos, 1973.

18. Lewis, Robert. Raising a Modern-Day Knight. Illinois, USA: Editorial Tyndale , 2007.

19. Ronald D. Laing, y Aaron Esterson. Cordura, locura y familia. México: Editorial Fondo de Cultura Económica, 1995.

20. Selvini Palazoli Mara y otros. Los juegos psicóticos de la familia. España: Editorial Paidós, 1990

VISIÓN Y MISIÓN

enfasis
enfoque familiar sistémico

Nuestra Visión y Misión en la vida*: Es aprender a vivir en obediencia a un código que es la palabra de Dios revelada en la Biblia, que consideramos nuestro fundamento universal. Guiando nuestras acciones bajo la luz de los principios revelados en ella. Viviendo con un genuino contentamiento con lo que tenemos y con lo que hacemos. Mirando hacia el futuro con fe. Y cada día, viviremos tras el cumplimiento de la realización de la visión trascendente que Dios puso en nosotros, al servir a los demás.*

Contáctanos:

enfasis@telmexmail.com

consentido@telmexmail.com

www.ingramcontent.com/pod-product-compliance
Lightning Source LLC
Chambersburg PA
CBHW020413290526
45785CB00002B/536